Oceani. 209

Dello stesso autore
presso La nave di Teseo

In presenza di Schopenhauer
Cahier
Interventi

Estensione del dominio della lotta
Le particelle elementari
Lanzarote
Piattaforma
La carta e il territorio
Serotonina
Annientare
La carta e il territorio (graphic novel con Louis Paillard)

Michel Houellebecq
Qualche mese della mia vita

Traduzione di Milena Zemira Ciccimarra

La nave di Teseo

Titolo originale: *Quelques mois dans ma vie*

ISBN 978-88-346-1544-7
Prima edizione La nave di Teseo giugno 2023

2022

L'avvenimento più mediatico – ma non il più grave – della mia vita nell'ultimo trimestre del 2022 fu la polemica scatenata dalla mia intervista con Michel Onfray apparsa nel numero speciale della rivista "Front populaire". Più che una controversia con pesanti poste in gioco, tendo a vederci un'evoluzione dei miei perpetui battibecchi con i musulmani. Adopero di proposito questo termine infantile per sottolineare, anzitutto, la stupidità di queste liti – stupidità alla quale, l'ammetto senza esitazione, ho ampiamente contribuito.

Ciò vale in particolar modo per il primo episodio, che portò a un processo nel 2002, l'anno successivo alla pubblicazione di *Piattaforma*, in seguito a un'intervista uscita su "Lire". Il primo colpevole sono innegabilmente io: da alcune delle mie frasi trapela un'aggressività che in realtà non ho mai provato; ma anche intentarmi causa per "istigazione all'odio razziale" non era molto pertinente. Era inutilmente offensivo, e soprattutto totalmente fuori tema.

Come chiunque sa, l'islam non è una razza, ma una religione diffusa in tutto il mondo, tra i più svariati gruppi etnici.

Non solo l'islam non è una razza, ma nemmeno l'islamismo, e questo era un po' meno noto prima del sanguinoso attentato di Bali, che ricorda così da vicino quello di *Piattaforma*.

La mia sola scusa – ma non è trascurabile – è che non avevo riletto quell'intervista. Nel corso di un'intervista orale si può dire di tutto, anzi, spesso è necessario farlo, almeno per alcune persone che hanno bisogno di esprimere tesi estreme, o addirittura contraddittorie, prima di definire la propria; che hanno bisogno, per così dire, di partire esplorando il campo dei discorsi possibili. Io faccio chiaramente parte di queste persone.

C'è poi una terza fonte di stupidità all'origine del conflitto, sebbene in tal caso si tratti piuttosto di malevolenza. Senza l'editoriale assassino di Pierre Assouline, quella vicenda non avrebbe mai avuto luogo. Pierre Assouline mi perseguita da così tanto tempo con un odio così feroce che ho rinunciato a stabilirne la causa. Quando l'ho visto, anche lui, sul banco degli imputati, in veste di direttore di redazione, ho pensato alla famosa parabola dello scorpione che, in mezzo al fiume in piena, punge sul dorso l'ippopotamo che gli permette di attraversarlo, condannando entrambi a una morte certa; insomma, ho pensato che avesse meritato quanto, se non più di me, d'essere lì.

Il secondo episodio si verificò nel 2015, dopo la pubblicazione del mio romanzo *Sottomissione*. La stupidità, questa volta, non era imputabile a me. *Sottomissione* non è in alcun caso, come ho sostenuto fino alla fine e continuo a sostenere, un romanzo "islamofobo", e del resto nessun responsabile religioso della comunità musulmana mi ha mosso quest'accusa. La stupidità, quindi, non era imputabile nemmeno ai musulmani, bensì al solito branco di idioti dei media che si accaniscono contro di me. Stupidità, o malevolenza? Pierre Assouline è molte cose sgradevoli, ma non stupido, non in assoluto perlomeno. Su altri come Ali Baddou si è più incerti, bisogna giudicare caso per caso.

Se *Sottomissione* non è un romanzo islamofobo, è tuttavia, senza alcun dubbio, un romanzo profondamente ambiguo, che spinge l'ambiguità all'estremo nella sua ultima frase. Uno dei più bei complimenti letterari che abbia mai ricevuto me l'ha fatto Emmanuel Carrère quando ha paragonato quell'ultima frase, "Non avrò nulla da rimpiangere", a quella di *1984*, "Amava il Grande Fratello". In effetti, "Non avrò nulla da rimpiangere" può benissimo voler dire, con uguale probabilità, "Avrò tutto da rimpiangere". E quel "tutto" non è la riuscita conversione di Huysmans alla fede cattolica, che si risolve invece in un fallimento nel caso del suo esegeta un secolo dopo. Quel tutto è Myriam, la sua amante ebrea perduta. Ma su questo tema dell'amore perduto, e del rimpianto di averlo perduto esclusivamente per propria colpa, sarei poi tornato in modo più ossessivo nel mio romanzo successivo, *Serotonina*.

Sto andando anch'io fuori tema, parlo troppo di me stesso. Per tornare a quell'intervista con Michel Onfray, devo riconoscere che rileggendo i passaggi incriminati dal rettore della Grande Moschea di Parigi, ho provato imbarazzo. Perché stavolta, senza dubbio, avevo riletto l'intervista. Certo, si trattava di un'intervista eccezionalmente lunga e può darsi che in alcuni punti la mia attenzione fosse calata; ma non era affatto una buona scusa: tenuto conto dei miei precedenti con l'islam, proprio in quei punti avrei dovuto prestare un'attenzione particolare.

Ero imbarazzato, ma non sapevo cosa fare; fu allora che il rabbino capo di Francia, Haïm Korsia, intervenne per rendere possibile un incontro. Solo un responsabile religioso della comunità ebraica poteva a mio avviso riuscire in una simile missione. Per ragioni che rinuncio a spiegare, mi sentivo pronto ad accordare la mia fiducia esclusivamente a un responsabile della comunità ebraica.

Un po' per abitudine, avevo definito da qualche parte ambigui i brani che mi venivano rimproverati; nel caso del primo, sfortunatamente era peggio. Era così frettoloso, così approssimativo da risultare semplicemente falso, e persino sciocco. Lo riproduco qui di seguito, perché è necessario:

"Credo che il desiderio della popolazione francese 'autoctona', come si suol dire, non sia affatto che i musulmani si assimilino, ma semplicemente che smettano di derubarla e aggredirla, insomma che rispettino la legge, e che li rispettino. Oppure, altra buona soluzione, che ripartano."

È normale che, leggendo questo testo, il rettore della Grande Moschea di Parigi abbia inteso: "Lei dice che i musulmani sono tutti ladri." Ne sono sinceramente dispiaciuto e porgo le mie scuse ai musulmani che questo testo può aver offeso – vale a dire, temo, più o meno tutti. Non è questo che pensavo, anzi pensavo pressappoco il contrario. Rinnego dunque senza alcuna esitazione questo testo idiota, che desidero sostituire con il seguente:

"Secondo me, il desiderio di gran parte della popolazione francese 'autoctona', come si suol dire, non è innanzitutto che i musulmani si assimilino. Di tutte le storie sul velo, il *burkini*, il cibo *halal* ecc., se ne infischieranno totalmente appena non percepiranno più i musulmani come una minaccia per la loro sicurezza; e si tratta di un fenomeno che non ha nulla a che vedere con la riflessione. Nell'istante in cui riflettono, questi 'francesi autoctoni' si rendono conto che la pratica assidua di una religione, qualunque essa sia, non è compatibile con la delinquenza, in quanto sono due scelte di vita radicalmente divergenti. Ma quando si ha paura non si riflette. E d'altra parte, questi francesi sanno anche, in maniera empirica, che nei quartieri dove ci sono numerosi musulmani ci sono anche numerosi delinquenti. Di conseguenza, tendono logicamente a evitare quei quartieri. Cosa farci? Non ne ho la minima idea. Nelle loro prediche gli imam insistono a sufficienza sul fatto che il traffico di stupefacenti non è lecito agli occhi dell'islam? Non lo so. E le loro prediche hanno qualche effetto? Non so nemmeno questo. Quello che so, o che mi sembra a ogni modo evidente, è che non abbiamo a che fare con un problema di religione, ma semplicemente di delinquenza. Proviamo a riascoltare le trasmissioni che il conduttore Maurice dedicava, più di venticinque anni fa, su Skyrock alle cosiddette periferie 'difficili' – alcune sono disponibili in rete. Non sono minimamente invecchiate, e dell'islam non si faceva mai parola. Aggiungendo un po' ovunque il termine 'islam', non si fa che oscurare una questione che Maurice trattava con assoluta chiarezza. Quello che i francesi, autoctoni o meno che siano, chiedono, e addirittura pretendono, è che i criminali stranieri vengano effettivamente espulsi e, in generale, che la giustizia sia più severa con i delinquenti, compresi i cosiddetti 'piccoli delinquenti'. Molto più severa."

Le frasi seguite da punto interrogativo rappresentano per il rettore un problema difficile, ne sono consapevole. L'islam è stato molto chiaro su questo punto, è una religione in cui conta prima di tutto il rapporto tra l'uomo e il suo creatore, un rapporto nel quale nessun clero ha realmente diritto di immischiarsi. Per parte sua, lui ha compreso che io venivo da una cultura diversa, segnata da un cattolicesimo con un clero la cui struttura verticale culmina fino all'assurdo nel dogma dell'infallibilità papale. Ciò potrebbe portare in alcuni casi a situazioni insolubili, ma non in quello di cui mi sto occupando qui, e ribadisco la mia conclusione: il problema non è l'islam, bensì la delinquenza. E l'ultima parola, in questo ambito, spetta alla giustizia, dalla quale i cittadini si attendono semplicemente che faccia il suo lavoro.

Il secondo brano, più lungo e di conseguenza, in modo quasi meccanico, meno stupido, sfocia purtroppo in una problematica più indefinita e più angosciosa. Riporto prima il testo originale:

"Quando la Reconquista, quella vera, ebbe inizio, la Spagna era davvero sotto il dominio musulmano. Non siamo ancora esattamente nella stessa situazione. Quello che possiamo già constatare è che ci sono persone che si stanno armando. Si procurano fucili, seguono corsi nei poligoni di tiro. E non sono teste calde. Quando interi territori saranno veramente sotto il controllo degli islamisti, allora penso che avranno luogo atti di resistenza. Ci saranno attentati e sparatorie nelle moschee, nei caffè frequentati dai musulmani, insomma dei Bataclan al contrario. E i musulmani non si accontenteranno di deporre candele e mazzi di fiori. Quindi, sì, le cose possono evolvere in modo abbastanza veloce. Una delle cose più degne di nota nelle reazioni alla 'lettera dei generali' era la percentuale di francesi che si aspettano una guerra civile in un futuro prossimo."

Solo individui particolarmente velenosi e falsi, come Edwy Plenel, hanno potuto ritenere che questo testo fosse un'esortazione ad attentati diretti contro i musulmani. Era evidente che non lo fosse; tuttavia il testo sembrava innegabilmente indicare che appartengo a quella "percentuale di francesi che si aspettano una guerra civile in un futuro prossimo". Anche in tal caso non era così, e ci ho tenuto a chiarirlo con la seguente rettifica:

"Se interi territori passassero davvero sotto il controllo degli islamisti, penso che avrebbero luogo atti di resistenza.

Ci sarebbero attentati e sparatorie nelle moschee, nei caffè frequentati dai musulmani, insomma dei Bataclan al contrario. E i musulmani non si accontenterebbero di deporre candele e mazzi di fiori. Quindi, sì, le cose potrebbero evolvere in modo abbastanza veloce. Una delle cose più degne di nota nelle reazioni alla famosa 'lettera dei generali' era la percentuale di francesi che si aspettano una guerra civile in un futuro prossimo. Personalmente, non credo che al momento ve ne siano le condizioni. Anzitutto, bisognerebbe che la polizia effettivamente non avesse più la possibilità di penetrare in certi quartieri; così non è. Hanno difficoltà, a volte devono ricorrere a un grande spiegamento di mezzi, ma ci riescono. Bisognerebbe inoltre che nemmeno l'esercito potesse più penetrarvi, cosa che al momento mi sembra improbabile. Bisognerebbe, infine, che la frazione jihadista dei salafiti, di gran lunga minoritaria, prevalesse sulla maggioranza quietista. Tutto questo fa sì che una guerra civile in Francia mi appaia attualmente inverosimile. Non dobbiamo tuttavia dimenticare un insegnamento strano ma costante della storia: non sono le maggioranze a farla, ma alcune minoranze violente e determinate. Nulla poteva far prevedere, all'inizio della Rivoluzione francese, che una fazione estremista dei Montagnardi avrebbe avuto il sopravvento e instaurato il Terrore. Nulla poteva far prevedere, all'inizio della Rivoluzione russa, che i bolscevichi si sarebbero impossessati del potere e si sarebbero buttati immediatamente nella costruzione dei gulag. Certo, il paragone con la situazione attuale sembra assurdo: le cose non si ripetono mai in maniera identica, la Rivoluzione russa non si è svolta allo stesso modo della Rivoluzione francese, e la Rivoluzione iraniana è stata ancora diversa; ma comunque sia, il pericolo delle minoranze estremiste non va mai sottovalutato."

Ho trovato fosse molto gentile, da parte del rettore della Grande Moschea di Parigi, accettare questa rettifica, perché dopotutto lui rientra indubbiamente nella maggioranza moderata, e nel mio testo prevedo una sua sconfitta, e perfino la possibilità che venga assassinato da un membro della minoranza estremista. Detto questo, non considero affatto ineluttabile tale sconfitta, e ancor meno l'assassinio, continuo a pensare che l'esame degli errori del passato dovrebbe permetterci di evitare che si ripetano, ma mi preoccupa il fatto che nessuno storico oggi sembri avere un livello intellettuale sufficiente per esaminare la causa comune di questi errori, e dunque continuo a temere che si ripetano.

Per tornare brevemente, e mi auguro per l'ultima volta, a Edwy Plenel, l'ironia è che quello stronzo probabilmente non ritiene che la vittoria dei robespierriani e, successivamente, quella dei bolscevichi siano state errori o sbagli.

Quanto alla mia vanità di autore, mi dispiace che non si sia parlato abbastanza di un altro stralcio dell'intervista in cui descrivo il pakistano, mio vicino nell'ultima casa dove ho vissuto in Irlanda, il salafita quietista che si preoccupa a buon diritto della virtù delle figlie. Ero abbastanza soddisfatto di me, perché pensavo di essere riuscito a schizzare in poche frasi il ritratto di un personaggio vivace, interessante, per di più originale e simpatico. È il mio lato dickensiano, che raramente viene fuori, e proprio per questo mi è caro. Ma questo è un altro discorso.

Ero alla fine riuscito a esprimermi in una maniera più o meno precisa, che non costituiva minimamente un'aggressione nei confronti della comunità musulmana, aggressione che non era mai stata nelle mie intenzioni. Il fatto è che avrei potuto pensarci prima. Sono lento a pensare, come ci saranno fin troppe occasioni di notare nel seguito di questo racconto. Ora bisognava solo assicurare a questi brani di testo modificati una pubblicazione più duratura di un semplice numero di "Le Point", foss'anche al prezzo di una tiratura inferiore, e preferibilmente una pubblicazione in forma di libro. Ma tale questione avrebbe iniziato a occupare seriamente i miei pensieri solo qualche settimana dopo, verso la metà di gennaio del 2023; tornerò a parlarne nel capitolo dedicato a quell'anno.

Precedentemente, una faccenda all'inizio molto più discreta, ma molto più subdola, aveva cominciato a svilupparsi, proprio come un serpente che si ridesta e srotola gradualmente le sue spire. In questa storia, tuttavia, di serpenti veri ce ne sono pochi, a eccezione della Vipera, compagna naturale dello Scarafaggio – ma sto correndo un po' troppo, sul piano zoologico.

Prima che la vicenda del "porno di Houellebecq" avesse veramente inizio, uno pseudoartista olandese di nome Stefan Ruitenbeek, che chiamerò d'ora innanzi lo Scarafaggio, rubò a un artista olandese di origine egiziana, Tarik Sadouma, l'idea di un'originale cerimonia di inaugurazione, che comprendeva elementi visivi di ispirazione lovecraftiana. Il riferimento era rafforzato dall'associazione fittizia tra un'accademia d'arte olandese e la Miskatonic University, un elemento importante dell'universo di Lovecraft. Lo Scarafaggio non aveva nessuna intenzione di utilizzare quest'idea, voleva solo servirsene come esca per attirarmi ad Amsterdam, in vista di scopi che emergeranno più avanti.

All'inizio di ottobre del 2022, lo Scarafaggio partorì l'idea di un'esca supplementare. In un'e-mail del 6 ottobre mi informò che sarebbe venuto a Parigi alla fine del mese, accompagnato da una giovane donna di nome Jini van Rooijen, che chiamerò d'ora innanzi la Troia. La presentava come una studentessa di filosofia, grande ammiratrice della mia opera, che aveva letto tutti i miei libri; vanitoso più o meno come la media degli scrittori, prestai fede a questa parte della menzogna. A dire dello Scarafaggio, la Troia lo accompagnava a Parigi per partecipare a delle *gang bangs* con uomini attraenti, più facili da trovare a Parigi che non ad Amsterdam. Questo era già più difficile da credere, ma la conclusione a cui giunsi fu che, senza necessariamente darsi alle *gang bangs*, la Troia fosse una giovane di costumi accomodanti, legittimamente desiderosa di scopare con uno dei suoi autori preferiti. Mia moglie condivideva quest'ipotesi.

Sotto l'influenza di varie teorie psicologiche erronee, si tende spesso a sopravvalutare l'importanza delle fantasie nella sessualità. In quanto creazione mentale soggettiva e autonoma, sviluppata in assenza di qualsiasi relazione umana, le fantasie hanno pochissima rilevanza in materia sessuale, e non ne hanno più alcuna nell'istante in cui è in ballo l'amore. Come chiunque in fondo sa, l'elemento più importante nella sessualità è l'amore. Al secondo posto viene un sentimento meno esaltante, e di solito meno esaltato, cui si dà in generale il nome di *simpatia.* Sebbene il rapporto a tre fra un uomo e due donne sia spesso presentato anzitutto come una fantasia maschile, poggia in realtà su una triplice corrente di simpatia simultanea e, nel caso ideale, sull'amore tra due dei partecipanti. Una volta che queste condizioni emotive siano miracolosamente soddisfatte, l'estremo godimento fisico che ne ricava l'uomo si spiega con elementari considerazioni di natura anatomica. Nella posizione ingiustamente denigrata del *missionario*, l'uomo è perfettamente libero, mentre penetra la donna, di accarezzarle i seni e di leccare, succhiare o mordicchiare i capezzoli, tra vari altri tipi di carezze apprezzate. Qualunque sia la posizione adottata, la donna può (e quindi *deve*) accarezzare le palle dell'uomo durante la penetrazione, ma le è impossibile leccarle, per cui è indispensabile l'intervento di un'altra donna – la superiorità incontestabile della lingua sulle dita potendosi ormai dare per acquisita.

Anche nel caso della semplice fellatio, è impossibile, per una donna da sola, leccare contemporaneamente le palle e il glande. Quando le due donne si baciano appassionatamente a pochi centimetri dal suo cazzo, l'uomo è immerso in un'attesa deliziosa, e quando le due lingue si incrociano e si intrecciano in una lenta esplorazione del suo glande, si innalza fino alle vette della beatitudine terrena. Tralascio il caso dell'ano, che complica i dati del problema senza modificarne la struttura geometrica di base.

Le gioie al tempo stesso estetiche e sensuali che l'uomo ricava dalla contemplazione di scene saffiche sono già state descritte, in versi inebrianti, da un numero sufficiente di grandi poeti, quindi mi astengo dal parlarne ulteriormente.

Fu dunque fissato un appuntamento, in un ristorante di Parigi, con lo Scarafaggio e la Troia. Mia moglie ci andò da sola. Giunse rapidamente alla conclusione che si trattava di una troia ancora giovane che, correttamente conciata, avrebbe potuto suscitare in me un grado sufficiente di desiderio, se mia moglie avesse partecipato attivamente all'incontro. Sorse tuttavia una complicazione: la Troia desiderava che il nostro incontro sessuale venisse filmato dallo Scarafaggio per poterlo caricare sul suo account OnlyFans.

A questo punto è necessaria una digressione, relativa al mio rapporto con la pornografia. Appartenendo a una vecchia generazione, ho conosciuto la sessualità vera prima di avere qualsiasi contatto con le immagini pornografiche –

cosa che, a posteriori, considero una grande fortuna. Vidi il mio primo film porno a vent'anni e la mia reazione fu di indignazione totale.

La prima e principale ragione era che quel film, come i pochi altri che mi è capitato di vedere in seguito, era, sul piano dell'educazione sessuale delle ragazze, un disastro assoluto. Se nella vita reale una ragazza si fosse azzardata a farmi una sega o un pompino come le attrici di quei film, non solo non mi avrebbe dato piacere, ma avrei provato sensazioni decisamente sgradevoli, al limite del dolore. Per fortuna, non è mai accaduto.

La seconda era di ordine estetico. Ogni volta che una scena non sessuale, una scena da "commedia", si interponeva fra le pratiche sessuali – materia principale del film – la mediocrità estrema dell'interpretazione degli attori produceva, nel migliore dei casi, un effetto comico involontario, che sfumava rapidamente di fronte a un senso di squallore. Nelle stesse scene sessuali, i tentativi maldestri ed esagerati delle attrici di simulare l'orgasmo non facevano che accentuare il disagio.

La terza ragione era di ordine, per così dire, sociale. Le professioni che avrebbero in teoria dovuto esercitare i protagonisti di quelle storie tracciavano i confini di un neokitsch, un kitsch d'epoca in cui solo alcuni universi professionali (quello della pubblicità, della moda, della produzione audiovisiva) meritavano di essere descritti. A questo si aggiungevano talvolta elementi di un kitsch più antico: macchine inglesi di marche prestigiose, pelli d'animali varie, palazzi privati dell'Île Saint-Louis. Tutto ciò contribuiva a rafforzare il senso generale di disgusto.

Il mio rapporto con la pornografia si interruppe per trent'anni, prima di riprendere grazie all'incontro con M., una giovane amante tedesca. È un vantaggio secondario, ma vero, delle giovani amanti: ti permettono di accedere a un altro mondo, a un universo culturale che altrimenti ti sarebbe rimasto estraneo. Così, grazie a quella ragazza, ho scoperto i Nirvana e YouPorn; e non è cosa da poco.

YouPorn, e poi Xvideos, mi hanno rivelato l'esistenza del porno amatoriale, che era completamente diverso da quello professionale. A volte ci si poteva trovare del bello, e quasi sempre il godimento – non simulato, ma autentico. C'erano anche, di rado, certo, ma molto più spesso di quanto potessi immaginare, amore e dono.

Due sono stati i sentimenti contraddittori che mi hanno fin da subito attraversato, rispetto al porno amatoriale. Il primo era che avevo voglia di farne parte, che mi sembrava l'ovvio prolungamento di una vita di coppia, che volevo tenere traccia di quei momenti per riassaporarli in seguito – sapendo che mi avrebbero immediatamente restituito il desiderio di rivivere momenti dello stesso tipo – e forse anche molto più tardi, quando nulla di tutto ciò purtroppo sarebbe più stato possibile, intuendo che l'inevitabile istante di nostalgia sarebbe stato in breve sommerso dalla tenerezza e dal ricordo della felicità condivisa.

Il secondo sentimento era al contrario di totale incomprensione. Cosa mai poteva spingere quelle coppie a diffondere i loro abbracci nell'universo indefinito della rete? Anche in questo, il divario generazionale giocava certamente un ruolo: faccio già fatica a comprendere che le persone postino su un social network le foto delle loro vacanze. Ma immagini intime? Probabilmente si trattava di una versione estrema dello stesso impulso, ma mi lasciava totalmente stupefatto. Eppure, vi scorgevo qualcosa di ammirevole, per via del coraggio che richiedeva, dell'assoluta indifferenza alle norme sociali che dimostrava, unita al fatto che in fondo avevano ragione, che la sessualità in linea di principio non aveva alcun rapporto col Male; ci vedevo persino un atto di generosità la cui gratuità mi colpiva. L'atto che quelle persone (giovani, ma non sempre) offrivano alla vista degli altri era spesso un vero atto d'amore. La stranezza della situazione era ancor più grande quando le coppie filmavano le loro esibizioni in luoghi pubblici. Pur essendo a priori certe dell'accoglienza favorevole che gli avrebbero riservato gli spettatori sulle piattaforme video, non lo erano affatto di quella delle persone che avrebbero potuto sorprendere le loro carezze mentre le riprendevano. Temevano, ma al tempo stesso desideravano essere sorprese, nella speranza che lo spettacolo che davano fosse interpretato non come una provocazione, ma come un dono, e probabilmente anche come un esempio da seguire. Nella mente di quelle coppie, gli atti sessuali, compiuti in privato come in pubblico, erano di per sé un bene, e sarebbe stato auspicabile che si moltiplicassero. Per conto mio, non avevo un'opinione precisa sulla questione e, a dire il vero, non riuscivo realmente a capirle, ma il fatto che la Troia condividesse i suoi trastulli su un account OnlyFans me la rendeva a priori piuttosto simpatica. Pensavo di avere a che fare con un'onesta esibizionista, e cioè con una forza positiva o almeno neutrale nell'economia del mondo, secondo la mia visione della legge morale.

Ebbe dunque luogo un incontro sessuale, della durata di circa due ore, che venne filmato dallo Scarafaggio. Ci misi poco a disilludermi. Quando divenne chiaro che lo Scarafaggio covava il progetto di mettere online quella scena senza il mio consenso, alcuni, appellandosi alla mia immagine punk, mi suggerirono di dichiarare (in sostanza): "E allora, me la sono spassata, che cazzo ve ne frega a voi?" Prima di tutto, non sono mai stato un punk, ho sempre preferito i Pink Floyd ai Sex Pistols, e di gran lunga. Orfano della *summer of love*, sono sempre stato un hippy, spesso con un pizzico di hard (Stooges, Black Sabbath, AC/DC), ma un punk mai. La mia seconda obiezione, basata stavolta sulla realtà dei fatti, è che tutto si poteva dire tranne che me la fossi *spassata* con la Troia; pompinara ben più che mediocre, non mostrò alcuna aspirazione a servirsi attivamente della figa, né il minimo segno di bisessualità, si accontentò dall'inizio alla fine di farsi *trombare*, in un atteggiamento di passività totale; in un mondo governato dalla giustizia, io e mia moglie avremmo dovuto essere pagati al termine di quell'incontro. In un sms che inviò poco dopo a mia moglie, la Troia se ne dichiarò carnalmente soddisfatta, lodando l'atmosfera di tenerezza e rispetto che l'aveva informato.

La Troia avrebbe forse desiderato meritarsi il bel titolo di *puttana*, ma non ne era degna. In realtà, non era soltanto una puttana fallita, era peggio. Contrariamente a quanto credessi, OnlyFans non era un sito gratuito. Gli abbonati di una performer dovevano pagare regolarmente per avere accesso ai suoi nuovi video sessuali.

Qualcosa in questa modalità di funzionamento mi ha immediatamente ripugnato. Ho grandissima stima delle prostitute, che esercitano un mestiere sempre difficile e a volte pericoloso, ma arrecano un'autentica felicità ai loro clienti. La prostituta, ecco quel che chiamo un bel mestiere, un mestiere nobile e onorevole. Una prostituta virtuale, che non corre alcun rischio e non reca alcuna gioia, che approfitta della solitudine di poveri diavoli i quali, in cambio del loro abbonamento, non otterranno altro che una masturbazione solitaria davanti al loro schermo, ha qualcosa che mi disgusta. Che mi disgusta moralmente, ma non solo: mi basta sapere che una donna che pensavo si esibisse gratuitamente davanti alla telecamera, per puro piacere esibizionista, si fa in realtà pagare, perché mi si ammosci subito; sono fatto così.

Personalmente non sono un esibizionista, l'ho già detto, solo in casi rarissimi ho avuto questa generosità e quest'audacia, nonostante il pudore mi sembri un sentimento losco la cui scomparsa sarebbe decisamente auspicabile, e malgrado il mio corpo nel complesso mi soddisfi e non abbia mai dovuto lamentarmi del mio cazzo. Ma soprattutto, cominciavo a rendermi conto che, per dei commercianti puri come lo Scarafaggio e la Troia, la mia fama di scrittore poteva conferire ai miei organi un certo valore di mercato. Quest'idea mi metteva a disagio; i miei rapporti con il liberalismo non sono mai stati semplici. Al fine, secondo loro, di proteggere il mio anonimato e quello di mia moglie, lo Scarafaggio e la Troia si erano muniti di maschere, le quali però mi apparvero in breve una protezione illusoria: con ogni evidenza, saremmo stati subito riconosciuti. Per di più, erano particolarmente brutte; doveva pur esserci stata una certa scelta nel negozio, ma lo Scarafaggio aveva optato per le peggiori, erano brutte quasi quanto il Minotauro di Picasso, ed esagero appena. Quelle maschere orrende non erano solo il segno dell'ottusità della Troia, erano anche il primo segno, che avrei dovuto cogliere, della natura maligna dello Scarafaggio.

Lo Scarafaggio considerò probabilmente quelle riprese parigine un primo successo e nel corso delle settimane seguenti continuò a tenersi in contatto con me, grossomodo sulle stesse basi. Pur portando avanti la messinscena di un'inaugurazione sotto il segno di Lovecraft, aggiunse nuove esche sotto forma di varie ragazze, lettrici assidue dei miei libri, che vivevano ad Amsterdam e desideravano avere rapporti sessuali con me. La mia vanità di scrittore non era diminuita, e continuai a crederci come prima; le mie prospettive, tuttavia, erano cambiate. Fu allora che cominciai a mentire allo Scarafaggio quasi quanto lui mentiva a me, e senza il minimo rimorso. Deve esserci qualcosa nell'opera di Tommaso d'Aquino sui mezzi giusti e commisurati per opporre resistenza al Male. Per farla breve: si ha il diritto di mentire a un mentitore.

Sto divagando, lo so, ma non posso farci niente, è la vita stessa che divaga. La prossima digressione risale a molto tempo prima, alle origini del concepimento di *Annientare*. Frédéric Lo, musicista di talento e compositore degli ultimi album di Daniel Darc, mi aveva contattato perché desiderava che partecipassi a un album tributo a Daniel, interpretando la sua versione del Salmo 23. Accettai subito, per l'ammirazione che nutro sia per il salmo sia per la sua interpretazione, e perché provai una simpatia immediata per Frédéric, fin dai primi minuti del nostro incontro. Il giorno della registrazione mi trovai a parlare con lui, ex fumatore, di vari tipi di cancro. Gli confidai che non temevo tanto il cancro ai polmoni, quanto altri tumori meno noti che colpiscono le vie respiratorie; pensavo soprattutto ai tumori della laringe e della faringe. Fu in quel momento che mi disse, con voce lontana, quasi sognante: "Ah sì, il cancro della lingua..." Ebbi allora una strana sensazione, come se udissi un immenso colpo di gong, che sapevo avrebbe continuato a riecheggiare a lungo, e forse fino alla fine dei miei giorni; quella fu una delle principali fonti di *Annientare*.

Mi piacciono i luoghi comuni, che sono molto spesso esatti; tuttavia non mi piace molto quello del libro che *funge da esorcismo* per l'autore. Eppure spero che quello che avete tra le mani possa *fungere da esorcismo* rispetto a quei tre rifiuti umani che hanno turbato alcuni mesi della mia vita: lo Scarafaggio, la Troia e l'Oca, che apparirà un po' più avanti nel racconto. Fatto sta, comunque, che *Annientare* non è servito a esorcizzare la mia paura del cancro della lingua, che non è cessata; anzi, ha assunto una dimensione nuova quando, all'inizio di dicembre del 2022, ho scoperto che il papillomavirus, trasmesso per via sessuale, poteva essere all'origine di alcuni tumori del cavo orale. Avevo attraversato i lunghi anni dell'AIDS senza provare alcun vero timore; avevo attraversato gli anni del Covid senza la minima preoccupazione; per la prima volta in vita mia avevo paura di un virus, e capii subito che la mia vita sessuale, senza dover giungere agli estremi della fedeltà coniugale, si sarebbe sensibilmente ristretta, e che in ogni caso era da escludere che andassi a letto con una delle zoccole dello Scarafaggio.

Tuttavia, questa era la sua intenzione invitandomi a trascorrere qualche giorno ad Amsterdam. Può sembrare incomprensibile che io abbia accettato, e in effetti, se avessi potuto prevedere ciò che ne sarebbe derivato, non l'avrei di certo fatto, e col senno di poi, le mie ragioni appaiono anche a me molto deboli. Anzitutto, mi erano sempre piaciuti i treni Thalys, ma fino ad allora non ero mai andato oltre Bruxelles; l'idea di spingermi più a nord era allettante. Avevo effettuato diversi soggiorni brevi ad Amsterdam, quasi sempre in occasione dell'uscita dei miei libri, e una volta per lavorare con Erik Lieshout e la sua troupe. Quella città mi era sembrata bella e pacifica, sebbene non avessi mai avuto davvero il tempo di visitarla. Inoltre avrei soggiornato all'Ambassade, un tipico hotel "de charme" – lo stesso in cui ero sempre stato durante i miei precedenti viaggi ad Amsterdam – dove, forse in qualità di vecchio cliente, beneficiavo di un privilegio divenuto ormai eccezionale: quello di poter fumare in camera.

Immediatamente prima della partenza, si verificò un episodio che, all'interno di questo contesto, assume un significato bizzarro, in qualche modo *antipremonitore*. Nella prima scena di un film di Guillaume Nicloux, le cui riprese mi avrebbero visto impegnato nella Guadalupa per tutto il mese di gennaio, ricevo la visita di Gaspar Noé. Viene a propormi il ruolo di un inquisitore in una sceneggiatura che sta scrivendo, di giorno torturo una strega, e di notte vado a trovarla per medicarle le ferite, massaggiarla con vari unguenti ecc. e i nostri rapporti evolvono fino a consentire delle inquadrature "esplicite". Le scene di tortura non mi ispiravano per niente, ma si poteva trovare un accordo: anziché nei panni del boia, mi vedevo nel ruolo dell'inquisitore capo, colui che ordina ai propri aiutanti di interrompere la seduta di torture e chiede alla strega se confessa di aver venduto l'anima a Satana (nel qual caso sarà semplicemente bruciata viva), o se bisogna riprendere il giorno seguente. Sulle scene di intimità notturna, avevo poche obiezioni.

Fermamente deciso a non accettare più di figurare in qualsivoglia filmato pornografico girato dallo Scarafaggio, non mi aspettavo che i nostri rapporti fossero armoniosi. Tuttavia non mi aspettavo d'essere trattato come fui trattato, fin dall'instante in cui misi piede sul binario della stazione di Amsterdam Centraal. Sapevo che i giornalisti, soprattutto nel settore audiovisivo, sono in buona parte dei cafoni e dei porci; diverse volte ero stato fotografato o filmato senza che avessi dato il mio consenso. Il fotografo o il cameraman, però, si erano sempre segnalati con un grido (di solito un "Signor Houellebecq!" o un "Michel!", a volte accompagnato da un "Per favore", allo scopo di farmi girare il viso verso l'obiettivo). Per la prima volta nella mia vita mi trovai di fronte a un cameraman perfettamente disumano e freddo, che non prese minimamente in considerazione di stringermi la mano, e nemmeno di rivolgermi la parola; per la prima volta nella mia vita mi sentii trattato, nel modo più assoluto, come l'oggetto di un documentario sugli animali; mi è difficile dimenticare quel momento. In seguito venni a sapere, da una delle molteplici interviste che lo Scarafaggio avrebbe rilasciato al quotidiano francese "Libération", che quell'ignobile cameraman altri non era che l'amichetto della Troia.

Una volta arrivati in albergo, mi fu accordata una tregua di circa un'ora, della quale approfittai per cercare di calmarmi con la bottiglia di vino di benvenuto messa a mia disposizione. Quella bottiglia di vino, unita agli ansiolitici che all'epoca assumevo in considerevoli dosi, mi avrebbe indotto, come vedremo, uno stato di calma eccessiva.

La sinistra combriccola ricomparve poi nella mia confortevole ma angusta stanza. Oltre al cameraman e allo

Scarafaggio, era completata da una terza persona, un'improbabile e abietta carogna di nome Mette van Dijk il cui unico pregio sembrava essere quello di parlare francese. Con quella sfacciataggine da imbroglione che, a ripensarci, mi appare come un ulteriore insulto, lo Scarafaggio sfoderò un contratto, presentandolo come una noiosa ma banale formalità, che ci toccava espletare il più rapidamente possibile prima di poterci elevare, insieme, verso le gioie della pura creazione.

Come ho già detto, desideravo realizzare dei video pornografici con mia moglie, a scopo privato. Alcune esperienze precedenti mi avevano convinto che non fosse una cosa così facile. Uno dei due partecipanti può tenere in mano una videocamera o un telefono cellulare. Ma non può essere la donna che, qualunque sia la posizione assunta, si trova da un punto di vista anatomico nell'incapacità di riprendere quel che accade realmente. L'uomo, invece, può filmare le masturbazioni compiute dalla propria compagna e il loro naturale prolungamento, la fellatio, ma pressappoco nient'altro. Per quanto mi riguarda, sono anche particolarmente svantaggiato rispetto ai miei consimili maschi. Pur essendo in grado di apprezzare una bella illuminazione, sono incapace di realizzarla, non posseggo né le competenze né il talento necessari. Mentre sono, perlomeno a mio avviso, piuttosto bravo a trovare la giusta inquadratura, ma soprattutto mi piace farlo, è un'attività che mi appassiona, che impegna tutte le mie energie mentali. La conseguenza, per parlare chiaro, è che non sono capace di filmare e farmelo venire duro allo stesso tempo. E, a ben guardare, sono capace di farmelo venire duro e fare altre cose allo stesso tempo? Ebbene sì, e anche parecchie: leccare fighe, inumidirmi le dita, accarezzare capezzoli. Non sono affatto un "despota quando mi si rizza" – basterebbe quest'unica parola per giudicare Sade, senza doversi imporre la lettura dei suoi ripugnanti scritti, tanto ridicoli nella forma quanto spregevoli nel merito. Tuttavia non riesco a fare nulla che non sia di natura sessuale, mi è del tutto impossibile, ho l'impressione di penetrare in una nebbia mentale dove non esiste più niente nell'universo a parte il sesso – il che, per inciso, non rende facile ritrascrivere simili momenti. In realtà, non controllo assolutamente più nulla e solo la donna, con un'iniziativa inattesa, può provocare la rottura temporale che porterà alla fissazione del ricordo. Rammento ancora, a vent'anni di distanza – e probabilmente me ne ricorderò fino alla fine dei miei giorni –, quei pochi secondi in rue Vandrezanne quando M. (un'altra M., russa stavolta), comodamente piazzata sopra di me, dopo avermi pompato con dolcezza per dei lunghi minuti, e sebbene pochissime cose potessero lasciarlo prevedere – un lieve intensificarsi dei movimenti della figa, un rossore che invase il suo petto bianchissimo, ancora un po' più di amore e di follia nello sguardo – si staccò brutalmente da me e, in pochi secondi, aprì la bocca per prendermelo fino in fondo alla gola. Ingoiare il mio sperma rese M. felice, anche se sapeva che sarebbero seguite numerose ore di inoperosità prima che il mio cazzo potesse di nuovo montarla, nemmeno la donna in quegli istanti è molto lucida; potemmo, è vero, dormire un po'. Questo volatilizzarsi dei punti di riferimento temporali, questo breve soggiorno nell'eternità mi ha sempre reso impossibile ricostruire con certezza uno scambio amoroso prolungato, quando ci provo sono costretto a fare una sintesi di momenti diversi – appartenenti alla stessa persona, questo almeno mi riesce. Il che renderebbe la realizzazione di un video ancor più desiderabile, ma mi rende incapace di reggere la videocamera.

Un'altra soluzione possibile è quella di posizionare l'apparecchio su un treppiede; ciò presenta il vantaggio di dimenticarlo subito, ma comporta altri inconvenienti. Le uniche attività che si possano davvero filmare sono, ancora una volta, la masturbazione e la fellatio. Il che va bene, va molto bene, ma è ben lungi dall'essere tutto. Non appena entra in azione la figa, definire un angolo di ripresa si rivela impossibile e il risultato finale è invariabilmente che non si vede quasi nulla.

L'unica soluzione veramente efficace consisterebbe nel far ricorso a una terza persona, ed è qui che mi chiedo: possibile che abbia pensato, a un certo punto, di fare ricorso allo Scarafaggio? Il risultato sarebbe stato brutto ma non sfocato, dopotutto aveva una certa esperienza come cineoperatore. C'era inoltre, cominciavo a rendermene conto, un altro inconveniente ancora più grave: era del tutto indegno di fiducia. Ma era anche, come i fatti avrebbero poi dimostrato, profondamente venale, e forse era possibile immaginare una modalità operativa in cui avrebbe copiato le immagini su un qualunque supporto di memoria prima di distruggerle sotto il mio controllo, il tutto dietro pagamento di una piccola somma, commisurata alle sue doti.

Non posso garantire che quest'idea non mi abbia attraversato la mente, ma era complicata e rischiosa, e per fortuna non le ho dato seguito. Sarebbe stato da stupidi, tanto più che avevo a disposizione una soluzione ben migliore da poco più di vent'anni, e precisamente da quando avevo realizzato *La Rivière*, un cortometraggio pornografico trasmesso da Canal+, descritto in genere come un "soft porno", probabilmente perché vi figuravano solo attrici. Jeanne Lapoirie, che aveva diretto la fotografia di quel cortometraggio, aveva svolto un lavoro fenomenale, l'immagine è quasi sempre di una bellezza estrema. Professionista di enorme talento, Jeanne è una persona molto simpatica e di grande integrità morale, tutto il contrario dello Scarafaggio. Perché allora, mentre non ho esitato a chiederle di filmare i trastulli amorosi di diverse attrici, non ho mai osato chiederle di filmare i miei? A distanza di vent'anni, non riesco ancora a capirlo. Certo, come tecnica Jeanne mi impressionava, e mi impressiona tutt'oggi; ma per *La Rivière* non avevo esitato; sentivo di poterle presentare una sceneggiatura solida. Ecco, sarei dovuto partire dalla sceneggiatura.

Ma torniamo al contratto, fonte delle mie disgrazie. La versione francese mi venne comunicata solo al settimo minuto, dei nove che dura la firma.

Release form, French translation, for reading only

Parties

1.
Stefan Ruitenbeek, director KIRAK
[redacted]
hereinafter “Stefan”

2.
Name: ____
Private address (Street & number)

Postal Code: ________________ City: ____________________
hereinafter “Participant”

Consider the following

1. Autorizzazione
Col presente modulo, il partecipante dà il proprio consenso a prendere parte alla produzione alle seguenti condizioni.

1.1. Il partecipante collaborerà in film artistici, di finzione, documentaristici, performativi, saggistici, erotici, pornografici e ed episodi di KIRAC.

1.2. Potrà trattarsi o meno di contenuti espliciti, di contenuti destinati a un pubblico adulto, di contenuti di carattere sessuale, di contenuti che mostrano atti sessuali, di contenuti che mostrano organi genitali.

1.3. I volti di Michel Houellebecq e di Lysis Houellebecq non saranno mai mostrati entrambi nella stessa inquadratura assieme a immagini del pene di Michel e della vagina di Lysis. Nelle inquadrature nelle quali i loro volti risulteranno identificabili, gli organi genitali suddetti non saranno visibili. Ogni sequenza che mostri atti di carezze, abbracci, intimità fisica e baci potrà contenere volti e dialoghi riconoscibili così come accade nei film hollywoodiani e in film d'arte e d'essai.

1.4. La presente autorizzazione si applica a qualsiasi contenuto, sequenza, registrazione ed elaborazione di immagini che raffigurino il partecipante creati e/o ottenuti da Stefan e dalla sua équipe nel periodo intercorrente tra il primo novembre 2022 e il 31 dicembre 2023.

1.5. Gli articoli 1-1 e 1-4 sono applicabili all'intero accordo nella sua globalità, salvo il caso di espressa esclusione.

Stefan Ruitenbeek signature:	Participant signature:

2. Compenso
Non sono previsti alcun compenso monetario in forma di onorario o di altri diritti né di esclusiva del partecipante. Non vige alcun rapporto di lavoro tra le parti. Il presente non è da considerarsi un contratto di lavoro.

3. Proiezione
Il progetto potrà essere proiettato in festival selezionati, alla televisione, sui social media, sulle piattaforme di streaming e in applicazioni interne per un periodo di tempo indeterminato.

4. Condizioni
Il partecipante accorda a Stefan il permesso di ottenere, editare, riprodurre, scaricare, diffondere, utilizzare, riutilizzare, sfruttare in senso lato, conservare in forma digitale e/o fisica immagini contenenti il suo ritratto per un periodo di tempo illimitato a scopi promozionali, pubblicitari, commerciali e/o non commerciali.

5. Obblighi e pagamento
Stefan è, ove prescritto, responsabile del corretto pagamento delle imposte e dei contributi sociali sugli importi ricevuti o ricevibili del compenso.

6. Proprietà intellettuale
Tutti i diritti derivanti dalla presente collaborazione, comprese le royalties, i diritti di proprietà intellettuale e i diritti connessi, saranno trasferiti integralmente e irrevocabilmente a Stefan.

6. Diritti
Tutti i diritti derivanti dalla presente collaborazione, comprese le royalties, i diritti d'autore e i diritti connessi, saranno trasferiti integralmente, incondizionatamente (quanto a tempo, territorio e finalità) e irrevocabilmente a Stefan. Il partecipante rinuncia ai propri diritti personali (diritti morali) nella misura consentita dalla legge. Il partecipante dichiara inoltre che Stefan ha adempiuto agli obblighi derivanti dal diritto d'autore e dal relativo diritto contrattuale (nella misura in cui non vi abbia già rinunciato) e che pertanto non sussiste più alcun obbligo in sospeso. Infine, nella misura in cui fosse richiesta un'autorizzazione ai sensi del GDPR 2016/679, il presente accordo costituisce un'autorizzazione inequivocabile all'utilizzo dei dati personali del partecipante (per es. il suo ritratto e il suo nome ai fini della realizzazione, distribuzione e promozione del film). Stefan ha di conseguenza il pieno e unico diritto di sfruttare i diritti così come indicato nel presente accordo.

7. Estensione delle condizioni
L'utilizzo delle immagini del partecipante per un periodo più lungo di quello stabilito comporterà un prolungamento di quanto concordato. Per l'utilizzo delle immagini su piattaforme diverse da quelle originariamente concordate, verrà stabilito un nuovo accordo.

Stefan Ruitenbeek signature:	Participant signature:

8. Diritti del partecipante
Il partecipante comprende e accetta che il presente accordo non gli conferisce alcun diritto di visualizzare in anteprima le opere di cui al punto 1.1, e non ha altresì alcun diritto di influenzare o intervenire sui risultati dei processi di produzione e/o di montaggio.

9. Legge applicabile e foro competente
Il rapporto giuridico tra le parti è regolato dalla legge olandese; tutte le controversie che potranno insorgere tra le parti saranno risolte (secondo la legge olandese) dal tribunale olandese di Amsterdam.

Il partecipante garantisce di avere almeno 18 anni di età e si impegna a consegnare un documento di identità legittimo ai fini di una verifica qualora gli venga richiesto. Il partecipante dichiara di aver compreso il presente documento e di essere in grado di firmarlo. Il partecipante accetta col presente atto tutto quanto sopra riportato.

Concordato e firmato in duplice copia il
data: ____________________
luogo: ____________________

Stefan Ruitenbeek signature:	Participant signature:

"Un animale avrebbe più diritti," commentò in seguito con irruenza, ma senza esagerazione, la mia avvocata olandese quando scoprì questo contratto.

Il video che venne poi presentato dallo Scarafaggio come prova a carico, una volta ingaggiata la battaglia legale, rivela che presto solo un'attenzione distratta alle sue clausole, eccetto il punto 1.3, sul quale mi concentro in maniera evidente, arrivando a chiedere la traduzione di una parola inglese che non conosco.

Tenuto conto che ero determinato a non autorizzare alcuna nuova ripresa pornografica allo Scarafaggio, quest'attenzione sembra di per sé superflua. Bisogna considerare che, pur senza sapere precisamente di cosa si tratti, ero a conoscenza dell'esistenza della *droga dello stupro*. Non escludevo dunque che, non potendo ottenere immagini pornografiche da me col mio consenso, lo Scarafaggio cercasse di ottenerle con l'inganno; e non avevo troppa voglia di passare il resto del mio soggiorno a controllare il contenuto dei miei bicchieri. Insomma, nonostante gli ansiolitici e il vino, mi consideravo ancora molto furbo, e in effetti il mio unico errore fu quello di non prestare alcuna attenzione alla clausola 1.4. La lessi solo molto più tardi, il 31 gennaio 2023, e fu allora che decisi di intraprendere un'azione legale.

Dopo la firma, ebbe luogo un pranzo nel ristorante dell'albergo. Lo Scarafaggio presentò come prova anche un video girato durante quel pasto, probabilmente perché vi affermo all'inizio che le donne hanno torto a rifiutarsi, per vanità, di considerarsi delle groupie, giacché la principale motivazione di una groupie è l'ammirazione, un nobile sentimento. Mi ci vuole quasi un minuto per formulare questa semplice idea, il che dà un'idea del mio stato generale in quel momento. Anche il resto della sequenza non è niente male. Non credo di essere mai riuscito, attraverso una gamma di espressioni varie, a trasmettere in modo così eloquente un sentimento che tuttavia ho provato spesso e che si potrebbe riassumere nella frase: "Ma che diavolo ci faccio con questi idioti?" Il fatto che affermi, verso la metà della sequenza, di non essere andato ad Amsterdam per scopare, rafforza la sensazione di mistero.

Quei quattro minuti saranno anche un momento cinematografico notevole, ma difficilmente potrei presentarli come una prodezza attoriale, visto il carattere involontario della mia prestazione; uno psichiatra, vedendo quelle immagini, probabilmente direbbe che sono sull'orlo di una crisi catatonica. Un argomento forte, ma non determinante;

più volte mi è capitato, per ottenere la recitazione voluta, di pormi volontariamente in uno stato mentale particolare, spesso mediante l'alcol, a volte anche con la poesia o la musica, e una (nel film di Benoît Delépine e Gustave Kervern, *Near Death Experience*) girando vorticosamente su me stesso come un derviscio, ma mai facendo ricorso ad altre droghe.

Dopo una notte tranquilla, il mattino seguente feci la conoscenza di Isa Moleman, che chiamerò d'ora innanzi l'Oca, l'ultimo personaggio significativo del mio soggiorno ad Amsterdam e, più tardi, del mio processo. I rapporti tra lo Scarafaggio e l'Oca rispondevano a uno schema doloroso ma classico, che non ebbi alcuna difficoltà a identificare. Lo Scarafaggio desiderava ardentemente sbattersi l'Oca; e dato che ambiva a intraprendere una carriera di attrice, l'Oca, pur essendo poco entusiasta all'idea di farsi sbattere dallo Scarafaggio, alla fine probabilmente si sarebbe prestata, nella speranza che lo Scarafaggio facesse da trampolino di lancio alla sua futura carriera. Erano, a mio avviso, più o meno a quel punto.

La povera Oca commetteva, secondo me, un duplice errore. È raro che un'attrice abbia successo solo grazie alla sua bellezza, prescindendo del tutto dal talento. E comunque la bellezza dell'Oca, per quanto reale, era insipida; la si poteva trovare piacevole da guardare, ma la si dimenticava in fretta. In tempi passati, la carriera di modella forse sarebbe stata più alla sua portata; ma i criteri erano cambiati e, perfino in quel modesto ambito, la sua mancanza di personalità rendeva le sue ambizioni illusorie.

Cosa ancor più grave, la scelta dello Scarafaggio denotava da parte sua una lampante stupidità. L'evidente assenza di ogni qualità artistica nello Scarafaggio rendeva impossibile, perfino in una situazione di estrema penuria, che i suoi film incontrassero una vera eco; per un'attrice debuttante lo Scarafaggio era, in realtà, una delle peggiori scelte possibili.

Per tornare a quella mattina, mi sdraiai dunque, a torso nudo, accanto all'Oca, abbigliata con un indumento che è stato definito in vari periodici come un "baby-doll". Ci furono alcuni abbracci non molto passionali, che corrispondevano in modo abbastanza preciso a quelli che gli anglosassoni chiamano *hugs*, accompagnati da baci. Non lo ricordo come un momento né piacevole né spiacevole; a dire il vero, non me ne ricordo affatto, ma si tratta delle immagini che furono poi utilizzate nel trailer messo online dallo Scarafaggio.

Dopo un certo tempo, visto che le cose non facevano grandi progressi, lo Scarafaggio prese in mano la situazione e manifestò velleità di messa in scena. Allora, seguendo le sue istruzioni, l'Oca andò alla finestra e la aprì. Poi lo Scarafaggio mi ingiunse di avvicinarmi all'Oca e stringerla di nuovo tra le braccia, con passione stavolta, dichiarandole che era bellissima e che la desideravo perdutamente. Ma in primo luogo avevo freddo, per cui preferivo restarmene al caldo nel letto; e inoltre, non avevo nessuna voglia di prestarmi a simili smancerie. L'Oca in realtà cominciava a irritarmi sempre di più, e la mia irritazione aumentò ulteriormente quando pretese che mia moglie lasciasse la nostra stanza, perché la sua presenza la ostacolava nella sua espressività di attrice, e in ogni caso "non le piacevano le donne".

A quel punto, non pareva possibile fare altro e si creò uno stato di immobilismo, durante il quale mi nascosi sotto un lenzuolo per impedire ogni nuova ripresa. Dopo un tempo indeterminato, ma che mi sembrò lungo, l'Oca, constatando che era impossibile proseguire, decise di lasciare la stanza e l'albergo. Lo Scarafaggio la seguì poco dopo, scontento della mattinata.

Fece un altro tentativo quello stesso pomeriggio, stavolta in compagnia della Troia. Anche la Troia pretese che mia moglie lasciasse la stanza. Stava diventando una mania e mia moglie si rifiutò, ragion per cui le cose andarono all'aria ancora prima. Se volevano così tanto separarmi da mia moglie, era perché cominciavano a sospettare in lei l'esistenza di un'intelligenza acuta e pericolosa, pronta a riconoscere le trappole, un'intelligenza di cui io non avevo dato molto prova da quando era cominciata quella storia. Su questo punto non si sbagliavano, la mia mente non funziona troppo rapidamente; compenso quest'insufficienza con un intuito morale preciso, unito a un'ostinazione stavolta davvero brutale, monolitica.

Il giorno successivo, e cioè il 23 dicembre, lo Scarafaggio calò una nuova carta facendo intervenire un'altra donna, di cui mi aveva precedentemente inviato delle foto. Poiché non ho alcun ricordo di queste foto e non ho mai incontrato la donna in questione, mi limiterò a chiamarla la Numero 3. In seguito a uno scambio di sms, mia moglie prese in antipatia la Numero 3 e per di più si convinse che, pur non essendo una vera prostituta, fosse in cerca di una remunerazione economica immediata – a differenza sia della Troia che dell'Oca. Le cose andarono dunque di male in peggio e quando la Numero 3 si presentò alla nostra porta, mia moglie si rifiutò di farla entrare al termine di un breve scambio al quale non assistei, preferendo continuare a leggere.

L'ultimo episodio ebbe luogo la sera stessa. Lo Scarafaggio stavolta si presentò accompagnato da una giovane coreana di cui non mi aveva mai inviato le foto e che probabilmente aveva appena ingaggiato lì per lì. Al contrario delle precedenti era decisamente simpatica, ma dopo qualche minuto di conversazione risultò che non le avevano mai parlato di riprese, e che escludeva nella maniera più assoluta questa possibilità. A quel punto, per la prima volta dal mio arrivo persi la calma e chiesi allo Scarafaggio di lasciare la stanza, lui e il suo cameraman, per non farvi più ritorno. Ci insultammo, ma non giungemmo alle mani.

Non ho più rivisto né lo Scarafaggio, né la Troia, né l'Oca.

Sull'Oca non ho molte altre informazioni. L'intervista che le ha fatto lo Scarafaggio, per presentarla come prova a carico al processo, è stata realizzata in olandese e non è sottotitolata. Di conseguenza, non mi ha rivelato molto, se non che l'Oca sembrava davvero incredibilmente stupida, perfino più di quanto ricordassi; e il mio pronostico sul suo futuro d'attrice si è ancor più incupito. Pur non rappresentando un fattore decisivo, l'intelligenza può giocare un ruolo nel fascino erotico di una donna. Baudelaire ha ragione su questo punto come su molti altri: una certa aria di stupidità accresce la bellezza di una donna; ma diminuisce, in maniera altrettanto certa, il suo fascino erotico, a prescindere dal grado di maschilismo del suo bersaglio.

Ho avuto accesso a maggiori informazioni sulla Troia grazie a *Honeypot*, l'episodio 23 di KIRAC. Contrariamente all'Oca, la Troia vi figura come vecchia complice dello Scarafaggio; ma su questo tornerò più avanti.

Alla fin fine, è sullo Scarafaggio, e soprattutto tramite mia moglie, che ho ottenuto il maggior numero di elementi nuovi, che lo ritraggono in una luce se possibile ancor più ripugnante. Li presenterò rapidamente, senza un vero ordine.

Durante quella cena parigina alla quale non partecipai, lo Scarafaggio aveva proposto a mia moglie di donarle il suo sperma, preferibilmente per via naturale, ma in un altro modo gli sarebbe andato bene comunque. Non so di preciso quale sia stata la reazione di mia moglie. Non avendo letto Richard Dawkins, non credo si sia resa conto del sostrato biologico della faccenda. Suppongo che sia semplicemente scoppiata a ridere, il che sarà almeno bastato a dissimulare il suo disgusto.

Nel pomeriggio del 22 dicembre, lo Scarafaggio riuscì a convincere un dipendente dell'albergo Ambassade a lasciarlo entrare nella nostra stanza, con la motivazione che era stato lui a pagarla. Per fortuna, eravamo dentro. La sua prima richiesta era stata che il dipendente gli consegnasse una chiave magnetica. Per evitare questo rischio, mi impegnai a rimborsare la camera allo Scarafaggio, cosa che feci subito al mio ritorno a Parigi. L'aspetto più seccante di questa storia è che, se per caso mi venisse voglia di tornare ad Amsterdam – per ora non sembra che le cose vadano in questa direzione – dovrei trovare un posto nuovo dove alloggiare.

Un tenace giornalista tedesco, che indaga da molto tempo sui metodi di KIRAC, è riuscito a strappare allo Scarafaggio l'ammissione che a volte gli capitava di registrare delle conversazioni telefoniche all'insaputa del suo interlocutore. In realtà, lo fa regolarmente, soprattutto allo scopo di ricavarne futuri elementi di ricatto, ma anche perché attribuisce un certo interesse ai suoi discorsi. Su questo si sbaglia, non è per nulla interessante. Mi avrà pur detto due o tre cose, nel corso di quei pochi giorni; non ne ricordo nessuna.

Arrivato a questo punto del libro, è forse opportuno riesaminare la pertinenza della mia metafora animale, confrontando lo scarafaggio dal volto umano di cui ho finora riportato alcuni maneggi coi tratti classicamente associati al vero scarafaggio, lo scarafaggio ordinario, lo *scarafaggio buono*, se così si può dire. L'attrazione bramosa per l'immondizia mi sembra sufficientemente accertata, così come la propensione a spargere il proprio seme in proporzioni abnormi. Forse mi verrà data anche la possibilità di verificare l'odore fetido emesso dall'insetto nel momento in cui viene schiacciato, perlomeno sul piano morale; in ogni caso lo spero.

Questi brevi episodi coi quali concludo per il momento il mio ritratto contengono alcune indicazioni supplementari che sarebbero potute servire a delineare il carattere di un "eroe del nostro tempo", per riprendere il titolo di Lermontov, il quale offre su Pečorin il seguente commento: "L'eroe del nostro tempo, egregi signori, è davvero un ritratto, ma non di un uomo solo, è un ritratto composto dai vizi di tutta una generazione, nel loro pieno sviluppo."

2023

Il mio 2022 si era concluso male. Gli ultimi due giorni passati ad Amsterdam, nonostante il fascino della città e l'interesse dei suoi musei, e perfino nonostante E. (una E. asiatica, magicamente apparsa, e settantatré volte più desiderabile dell'Oca), non erano riusciti a cancellare i due giorni in compagnia dello Scarafaggio.

Il gennaio del 2023, segnato dalle riprese del film di Guillaume Nicloux, mi fece al contrario dimenticare del tutto le mie preoccupazioni. Pur senza aver visto finora nulla del montaggio, sono convinto che sarà un buon film, e probabilmente il più divertente della mia carriera. Il mio incontro con Blanche Gardin, che conoscevo solo dai suoi spettacoli, mi ha inoltre confermato che le divergenze politiche non rappresentano affatto un ostacolo alla simpatia. Ripensando a Blanche, ho l'impressione che siamo stati allevati da due varianti diverse di comunisti, tra le quali Georges Marchais fu l'ultimo a poter realizzare una fusione: una intellettuale, intrisa di cultura, che si sarebbe in seguito ritrovata nel mélenchonismo, finché Fabien Roussel non è intervenuto, così almeno possiamo sperare, ad arrestarne il tracollo; l'altra più popolare, che non ha mai aderito né alla fin fine capito quasi nulla del marxismo, e che si sarebbe ritrovata meccanicamente dietro Marine Le Pen, una volta fuori gioco suo padre. Questa diserzione popolare pareva a prima vista più grave, e così sembrava pensarla del resto lo stesso Fabien Roussel, dal momento che accettò di entrare in una formazione parlamentare dominata dai mélenchonisti. Dimenticava qualcosa di ben più importante. Del marxismo i proletari avevano recepito un'unica cosa, tutto sommato la sola corretta, e cioè che loro erano gli autentici produttori, e legittimi proprietari, dei beni della Terra. I partiti di sinistra avevano la missione di servirli, e non il contrario. Se finivano per ostacolare le aspirazioni popolari su una questione qualunque come, supponiamo, quella dell'immigrazione, perdevano immediatamente ogni legittimità. Questa differenza di valutazione tra me e Blanche era importante; ma c'era qualcos'altro che ci univa, di ancor più importante, e credo lo si avvertirà nel film.

Un po' più tardi mi sarei reso conto che, parimenti, una vicinanza di opinioni politiche non rappresenta in alcun modo una garanzia contro la slealtà, o il tradimento. È un elemento penoso, sul quale forse tornerò più avanti – o forse no, ci sono già abbastanza elementi penosi in questo racconto.

Il 13 gennaio Mohammed Moussaoui, presidente dell'Unione delle moschee di Francia, sporse denuncia contro di me presso il tribunale giudiziario di Nanterre, sempre per l'intervista apparsa nel numero speciale di "Front populaire". Nella denuncia erano inclusi anche Stéphane Simon e Michel Onfray. Cito uno stralcio dell'articolo del "Figaro" che informava i suoi lettori dell'accaduto:

> La settimana scorsa lo scrittore, contro il quale anche il rettore della Grande Moschea di Parigi aveva annunciato di voler sporgere denuncia, ha riconosciuto che alcuni paragrafi erano "ambigui". Aveva comunicato una nuova versione emendata delle sue osservazioni iniziali che sarà oggetto di un libro di prossima pubblicazione. "I musulmani di Francia non capiscono come il signor Houellebecq possa, da un lato, riconoscere che i paragrafi interessati sono ambigui e, dall'altro, non prendere alcuna misura per sospenderne la diffusione," ha tuttavia reputato il presidente dell'UMF Mohammed Moussaoui in un comunicato.

Mohammed Moussaoui mi è stato in genere descritto come un personaggio poco raccomandabile, sospettato di estremismo, a differenza del rettore della Grande Moschea di Parigi, il quale rimarrà, ben prima della mia storia, l'uomo che ha perdonato Mila. Ciò non toglie che le sue dichiarazioni fossero di puro buon senso. Rinnegavo le mie parole (ho già detto prima che consideravo il termine "ambiguo" troppo debole, soprattutto nel caso del primo brano incriminato). Quindi, perché non prendere le misure necessarie? Scrissi dunque a Stéphane Simon e a Michel Onfray per chiedere loro di sospendere la distribuzione di quel numero speciale. Mi sembrava una cosa semplice da fare, ma mi sbagliavo di grosso. Stéphane Simon mi rispose inizialmente che la distribuzione di quel numero speciale era di fatto già cessata. Pur non potendolo accusare formalmente di menzogna, dirò che avevo forti ragioni di dubitarne.

La mattina del 25 gennaio ricevetti la risposta di Michel Onfray, che mi arrivò via e-mail alle 07:27 (ora della Guadalupa). Rimasi stupito dalla violenza del risentimento che vi era espresso. A suo dire, era sceso coraggiosamente in campo per difendermi, anche se non aveva alcun obbligo di farlo. La seconda parte della proposizione era corretta: io ero perseguibile in veste di autore delle affermazioni, Stéphane Simon in veste di direttore della pubblicazione, mentre Michel Onfray non lo era a nessun valido titolo, e Mohammed Moussaoui, che si era fatto trascinare in un primo momento dal suo furore penale, avrebbe finito per rendersene conto. La prima parte era più dubbia: dopo avermi dato all'inizio appena un tiepido sostegno, mi aveva poi piantato con gran scalpore, durante una trasmissione a quanto pare molto seguita di Laurence Ferrari. Sempre a suo dire, non aveva mai previsto di pubblicare sotto forma di libro la nostra intervista, al contrario, fin dall'inizio vi si era formalmente opposto; io ricordavo esattamente il contrario. In definitiva, la richiesta di far cessare la diffusione di quel numero speciale gli era apparsa "del tutto fuori luogo da parte mia". Questa volta, avevo capito: non era Stéphane Simon a opporsi, era lui, Michel Onfray, il vero padrone di "Front populaire", ad aver deciso così. Pertanto i nostri rapporti non potevano, ovviamente, che considerarsi terminati; non rinunciai invece ai miei contatti con Stéphane Simon, e ho avuto torto, è stata solo una perdita di tempo.

Intorno allo stesso giorno, e forse proprio lo stesso, il trailer caricato dallo Scarafaggio cominciò a diffondersi sui social. Vi prestai solo un'attenzione superficiale; ero scioccato, ma non preoccupato. Lo Scarafaggio prometteva un film pornografico, il "porno di Houellebecq", per usare i termini che avrebbero poi ghiottamente ripreso tutti i media francesi; ma secondo me, non aveva nessuna immagine pornografica da mostrare, disponeva solo di pochi secondi di vaghe carezze scambiate con l'Oca, catturate nelle circostanze descritte in precedenza e riprodotte nel trailer. Non era certo il caso di farne una tragedia. L'unico elemento realmente sgradevole di quella sequenza era la voce fuori campo dello Scarafaggio. Affermava che il viaggio di nozze che avrei dovuto fare in Marocco con mia moglie era stato annullato, per paura che venissi rapito da un commando islamista, quando lei aveva passato un mese a organizzare per noi un programma sessuale con varie prostitute marocchine.

Le menzogne efficaci sono semplici, e quella non lo era. Eravamo sposati da poco più di quattro anni, il viaggio di nozze non c'entrava niente. Si trattava di una serie di incontri con i lettori a Casablanca e a Rabat, organizzati da una catena di librerie. Quanto alla ricerca di prostitute, chi mai prenota delle prostitute con un mese d'anticipo? Non aveva nessun senso. In realtà ci eravamo limitati a consultare un annuncio. Si trattava di due ragazze che lavoravano insieme, ma non mi piacevano molto, e inoltre erano del genere *domina*, che non è affatto di mio gusto. Per farla breve, sul piano sessuale non era previsto niente di speciale; il programma gastronomico, invece, era piuttosto ricco.

Sul piano del pericolo islamista, la faccenda merita d'essere raccontata più nei particolari. Secondo la libraia che mi aveva invitato, in Marocco avevo lettori numerosi ed entusiasti; sapevo che era vero, le e-mail che si ricevono sono un indicatore molto affidabile a questo riguardo. Nonostante ciò, a un certo punto dei nostri scambi, sottolineai comunque la possibilità di un pericolo islamista. La libraia si mostrò rassicurante. I musulmani marocchini, secondo lei, non avevano nulla a che vedere con i musulmani francesi di origine marocchina; erano ospitali e tolleranti, l'islamismo da loro era quasi sconosciuto. L'organizzazione dei servizi di sicurezza marocchini era del resto ottima; in una libreria di Casablanca correvo molti meno rischi che in una libreria, per esempio, di Saint-Denis.

La cosa più singolare, a ripensarci, è che le credetti subito, senza la minima esitazione. Ed è anche la più allarmante, rispetto all'idea che mi faccio dello stato generale della Francia.

La mia editrice era comunque un po' preoccupata, ed ebbe luogo un incontro con un rappresentante molto simpatico delle forze di polizia. Esposi gli argomenti della libraia, e anche in quel caso tutti ci credettero subito, il che dimostra comunque una bella obiettività nel poliziotto. La faccenda sembrava dunque risolta, finché alla mia editrice non venne un'idea semplice, che però nessuno aveva avuto: l'evento sarebbe stato annunciato pubblicamente; se io potevo prendere senza problemi un aereo per il Marocco, la cosa era altrettanto facile per un islamista francese di origine marocchina, che avrebbe così potuto coprirsi di gloria compiendo l'attentato che gli islamisti marocchini non avevano avuto il coraggio di concepire. Questa è una delle qualità di Teresa che ammiro di più, perché è quella che io posseggo di meno: è capace di avere idee semplici che nessuno ha avuto prima di lei; ha una mente pronta.

Così il mio viaggio fu annullato. Alcuni giornali marocchini mi accusarono implicitamente di non avere abbastanza fiducia nelle forze di polizia marocchine; la maggior parte sembrava pensare piuttosto che fossero le autorità francesi a mancare di fiducia; ma nessuno pensò a quel semplice scenario presentato dalla mia editrice.

Le riprese intanto proseguivano, in un'atmosfera sempre armoniosa. Qualunque cosa accada dopo, non dimenticherò mai Christophe, né Aurélien, né Fanny naturalmente. Al termine delle riprese ci fu un rinfresco che mia moglie avrebbe poi descritto come "il nostro ultimo momento di felicità". Deve averlo detto in uno di quei momenti in cui si pensa di essere lucidi, perché si è di umore nero; ma è vero che il seguito finora non l'ha smentita. C'è un video che immortala la serata, in particolare il momento in cui interpreto, al karaoke e in duetto con Franck Monier, prima *Une femme avec toi* di Nicole Croisille, poi *Love Me Please Love Me*, in modo secondo me meno convincente. Franck, che è di indole gentile, mi assicurò subito che qualche lezione di canto avrebbe rapidamente corretto la mia debolezza nelle note alte. È possibile, ma per ora non ho avuto tempo per dedicarmici.

Prima che lasciassi la Guadalupa ebbe luogo un ultimo episodio, conseguenza della pubblicazione di un articolo che avevo dedicato all'eutanasia su "Harper's Magazine". John (*alias* Rick) MacArthur, il caporedattore della rivista, mi aveva messo in contatto con due giovani donne che conducono un "podcast" intitolato *Red Scare*, le quali desideravano discutere con me, in particolare su questo argomento. Dasha Nekrasova e Anna Khachiyan incarnano un tipo umano che non ha purtroppo nessun equivalente in Francia: quello della giovane cattolica conservatrice divertente e sexy. Il mio podcast fu registrato tramite la piattaforma Zoom il pomeriggio del 29 gennaio. La conversazione fu amichevole e interessante, ma stranamente distaccata dal tempo; l'eutanasia in Francia non era ancora davvero di attualità, lo è appena diventata, all'inizio di aprile di quest'anno, e la vera battaglia, al momento in cui scrivo queste righe, non è ancora cominciata. Tuttavia l'argomento era già presente, in filigrana, nella mia conversazione con il rabbino e il rettore. Sapevo bene che eravamo destinati a ritrovarci, quando fosse arrivato il momento; ma prima doveva esserci una riconciliazione. L'eutanasia è uno di quei rari temi capaci di operare davvero una distinzione tra le civiltà che meritano di sopravvivere e le altre. A dire il vero, mentre scrivo, non mi viene in mente nessun altro tema che possa svolgere questo ruolo; ma può darsi che se ne palesi uno. Il Male è altrettanto vasto del Bene, e ha pochi limiti.

Fu solo al mio ritorno a Parigi, il 31 gennaio, che entrai realmente all'inferno, e ci sono ancora oggi. Si tratta di un inferno multiplo.

Leggendo per la prima volta la clausola 1.4 del contratto che avevo firmato allo Scarafaggio, cominciai davvero a farmi prendere dal panico. Quel contratto era ampiamente retroattivo; firmato il 21 dicembre ad Amsterdam, autorizzava lo Scarafaggio a utilizzare le immagini pornografiche girate a Parigi il 1° novembre, durante i miei rapporti con la Troia. Un contratto retroattivo era per me qualcosa di impossibile, di addirittura inconcepibile, violava le più elementari idee che avevo del diritto. Procedetti ad alcuni consulti, che amplificarono le mie angosce: nel diritto olandese un contratto del genere non era per niente inimmaginabile; dovevo prepararmi al peggio. E il peggio, poco a poco, arrivò.

Le scene pornografiche che lo Scarafaggio minacciava di pubblicare online erano state catturate con l'inganno. In fondo, vi avevo acconsentito solo per compiacere l'esibizionismo della Troia, che si esprimeva nel suo account OnlyFans. Quando avevo scoperto che quell'esibizionismo era in realtà basato sulla venalità, e mi ero reso conto per di più che le maschere che avrebbero dovuto proteggere la mia intimità erano solo un'illusione, avevo ritirato il mio consenso a proposito di OnlyFans; ma non si era mai parlato di una mia partecipazione a un qualunque episodio di KIRAC, di cui ignoravo praticamente l'esistenza. A più riprese, l'avvocato dello Scarafaggio menziona nelle argomentazioni presentate alla corte che ero perfettamente a conoscenza dei suoi metodi, dato che avevo avuto occasione di vedere *Honeypot*. Per una volta, credo alla sincerità dello Scarafaggio: per il semplice fatto di avermi inviato quel video, era giunto alla conclusione che l'avessi guardato. Quell'uomo è davvero così convinto del valore delle sue regie, da immaginare che io abbia potuto attendere con impazienza ognuno dei suoi invii? Sembra incredibile, ma non impossibile.

Con il progressivo aggravarsi della situazione, mi decisi finalmente a guardare *Honeypot*. Questo film aveva costituito l'apice della carriera dello Scarafaggio, fin quando non si è imbattuto in un bersaglio più succoso, vale a dire me. Racconta la storia dell'umiliazione di Sid Lukkassen, personalità relativamente nota in Olanda, considerato comunemente un "filosofo di estrema destra". Sono abbastanza consapevole dell'accezione ampia attribuita di solito alle parole "estrema destra" da non avervi accordato un'importanza eccessiva. Comunque sia, per tutta la durata del film Sid Lukkassen non manifesta alcuna idea di estrema destra, o meglio, alcuna idea e basta. Credo che perfino il più incallito antifascista non potrebbe non provare una certa compassione per Lukkassen dopo aver visto questo video ripugnante. Il barattolo di miele evocato nel titolo è, strano a dirsi, rappresentato dalla Troia. La scena più insopportabile è probabilmente quella in cui lei, dopo aver rifiutato con disprezzo la scatola di cioccolatini belgi offertale dallo sventurato filosofo, pretende un diamante e Lukkassen, pronto a sottomettersi, viene salvato *in extremis* solo dagli orari di apertura della gioielleria. Segue un'altra scena sgradevole, in cui figurano un ravanello e il culo della Troia; ma la bruttezza, in questo caso, è principalmente fisica.

Il giornalista tedesco che indaga su KIRAC mi ha detto che ha tentato di raccogliere la testimonianza di Lukkassen, ma il filosofo si è rifiutato di darla. Ha dunque scelto di cancellare il più possibile dalla memoria i ricordi spiacevoli. Tuttavia sembra essere in grado di scrivere, su Amazon sono menzionati quattro libri a sua firma (non tradotti). La cosa non mi riguarda, certo, ma penso che abbia sbagliato e che avrebbe fatto meglio a cercare di *esorcizzare*.

Sul piano intellettuale, da *Honeypot* non si può ricavare altro che una cupa meditazione sull'insondabile, suicida stupidità di cui può dar prova il maschio di qualsiasi specie animale – compresa, ovviamente, quella umana – quando si tratta di disseminare il suo sperma. Su questo argomento, già nel 1967 Valerie Solanas si era espressa con frasi decisive nel suo SCUM *Manifesto*.

Su un piano più generale, il film è un'esperienza penosa, di poco più di cinquanta minuti, che non consiglio a nessuno, in cui la bruttezza estetica è in qualche modo trasfigurata dalla bruttezza morale. Se ne esce scossi, convinti soltanto che tutte quelle persone dovrebbero scomparire, che non sarebbero mai dovute esistere, e che la stessa società che ha permesso la loro comparsa non merita altro che la distruzione e la rovina.

Le femministe non mi amano. E io non amo loro, ritengo che abbiano nuociuto alle relazioni tra gli individui, e che le femministe contemporanee siano quarantasette volte peggiori delle loro antenate. I nostri pessimi rapporti dovrebbero indurmi alla prudenza, tuttavia, pur prevedendo le loro grida, non posso fare a meno di scriverlo: al pensiero che quelle immagini potessero essere diffuse contro la mia volontà, provavo per la prima volta qualcosa che mi sembrava simile a quanto descritto dalle donne vittime di stupro. Innanzitutto, una dolorosa sensazione di spossessamento del proprio corpo, una sorda ostilità nei suoi confronti, un desiderio di punirlo. Non riuscivo più a lavarmi, il mio consumo di alcol e tabacco era notevolmente aumentato, avevo persino alcuni sintomi di bulimia – una cosa nuova per me – insomma, facevo del mio meglio per distruggermi. A livello mentale ero attraversato da ondate di rabbia impotente, ma mi capitava anche di raggomitolarmi, trafitto dalla vergogna – mai prima d'allora si era presentata così spesso alla mia mente l'ultima frase del *Processo*: "Fu come se la vergogna dovesse sopravvivergli." La rabbia era comprensibile, la vergogna no. Perché una donna stuprata dovrebbe provare vergogna? Dovrebbe essere il suo stupratore a provarne, è evidente. Eppure succede.

Io non avevo mai subito violenza durante i cinque anni trascorsi nel convitto maschile del liceo di Meaux, ma altri sì, e anche se non avevo mai assistito alla scena, avevo avuto modo di rendermi conto dei danni causati alle vittime. I nomi degli stupratori mi sono noti, sono rimasti impressi nella mia memoria. Per quanto ne so i termini di prescrizione sono stati allungati, ma la giustizia minorile è lassista, oggi come ieri, e una denuncia cinquant'anni dopo i fatti non avrebbe alcuna efficacia.

Se non ho mai subito violenza, non ho nemmeno niente dello stupratore. Non solo non amo le femministe, ma non le temo, i movimenti *#metoo* e *#balancetonporc* sono passati senza lasciare traccia su di me. Perfino quando ero ubriaco fradicio, non credo di aver mai tentato quello che chiamano un "gesto sconveniente". Non so bene da dove possa provenire, nella mia educazione, il carattere potente e inesorabile di questo comandamento: *non si fa violenza a una donna*. Perfino parole e allusioni spinte mi sono pressappoco vietate. Potrei facilmente scrivere un libro autobiografico abbastanza lungo, mescolando il patetico e il burlesco, raccontando tutte le volte in cui non ho osato prendere la minima iniziativa, anche se avevo capito perfettamente che la donna aspettava che lo facessi, e a volte da parecchio tempo. Potrei intitolarlo "I miei auto-pali", trovo che suoni piuttosto bene; diciamo che mi prenoto il titolo.

Non so se le fantasie di stupro siano tanto diffuse tra le donne, personalmente mi ci sono imbattuto una sola volta, con E. (una vecchia E., una spagnola, la Spagna ha contato molto nella mia vita erotica). Non riuscii a soddisfarle. Inseguirla per l'appartamento, buttarla sul letto e strapparle i vestiti: era un ruolo che non mi sentivo in grado di interpretare. Del tutto incapace di quella sottomissione fisica che è il simulacro dello stupro, sono a malapena idoneo a una sottomissione verbale. Frasi come "Inginocchiati" e "Succhiamelo, puttana" mi mettono in seria difficoltà. Con "Togliti le mutande" e "Toccati, puttana" va un po' meglio, non dispero di fare progressi, ma finora è piuttosto in una terza area che eccello, quella che chiamerò la sottomissione immobile.

Il principio è semplice. Completamente nuda a eccezione d'una benda che le copre gli occhi, la donna viene legata con delle cinghie ai quattro angoli del letto, con le braccia e le gambe ampiamente divaricate. Un cuscino posto sotto la testa facilita l'accesso alla sua bocca. Un secondo posto sotto le natiche pone la figa in posizione elevata, esponendola pienamente allo sguardo (in un primo momento). Dopodiché, per la donna, si tratta semplicemente di aspettare. Tocca all'uomo a quel punto servirsi delle dita e della lingua per portare al punto di massima eccitazione i due orifizi offerti. Può fermarsi in qualsiasi momento, far passare un po' di tempo, usare il cazzo per una breve penetrazione, interrompersi di nuovo, abbandonarsi ad altri baci, leccare la clitoride, fermarsi ancora prima di adoperare tutte le sue forze per scopare a fondo la bocca e la figa. È una maniera deliziosa di occupare un pomeriggio d'estate, quando fa troppo caldo per andare in spiaggia.

Devo ora abbandonare questi ricordi per giungere a quella che è probabilmente la conseguenza peggiore dello stupro: il disgusto, o almeno l'assenza totale di appetito, per il sesso. Avvelenare in qualcuno le fonti della gioia non mi sembra, in effetti, molto diverso da un crimine.

Nella mia vita ho conosciuto una sola donna violentata, la chiamerò Solène. Quando avevo da poco iniziato a lavorare con lei, Michel, con cui condividevo l'ufficio e che da molto tempo era nell'azienda, si decise infine a informarmi. Si trattava di un'indiscrezione, ma di un'indiscrezione necessaria, perché le imprevedibili reazioni nevrotiche di Solène cominciavano a sconcertarmi e avrebbero finito per rendere difficile ogni rapporto professionale. Così mi prese da parte per spiegarmi che Solène aveva delle scusanti: una quindicina di anni prima era stata vittima di uno stupro di gruppo. Era riuscita a parlarne per qualche giorno, prima di chiudersi completamente in se stessa.

Sono spesso considerato, e forse a giusto titolo, un autore pessimista, ma la lucidità che può aiutare a scrivere buoni libri non è necessariamente l'atteggiamento migliore da adottare nella pratica, spesso è preferibile far finta che tutto possa risolversi. La ferita di Solène avrebbe potuto essere rimarginata; sarebbe bastato un uomo gentile, capace di procedere per gradi e molto dolce, o almeno così mi sarebbe piaciuto credere.

Solo che in quel caso non ci credevo per niente. Non mi considero un bruto, ma devo ammetterlo: se un uomo di tal fatta esiste, mi è superiore. Solène era stata colpita troppo gravemente per me, e probabilmente per chiunque. Aveva quarant'anni all'epoca e per lei, a mio avviso, era finita. *Game over.*

Non essendo stato mai né stuprato né costretto, mi trovavo, sebbene fossi più anziano, in una posizione molto più favorevole della sua, con la sola aggravante moderna rappresentata dall'esposizione massiccia e forzata della mia intimità su Internet. Ora immagino, o meglio, immagino più o meno, il peggio del peggio, il destino delle Solène contemporanee che, dopo essere state picchiate e violentate da una banda di barbari, sopravvivono solo per vedere immediatamente esposta sulla rete l'immagine della loro degradazione. Mi sembra già un miracolo che sfuggano al suicidio; ma che ritrovino una vita sessuale non saprei, può darsi che accada, in alcuni casi.

Mi rimetto ora nel punto di vista, più immediatamente accessibile, di un uomo. Nella vita ci sono altri piaceri oltre al sesso, legati per esempio alla gastronomia, all'alcol o ad altre droghe; se volessi confrontare la loro intensità con quella offerta dai piaceri sessuali, dovrei dividere all'incirca per cinquanta. E soprattutto, questi piaceri non sono condivisi, non nella stessa misura, non con una coincidenza così folgorante. Ci sono molti modi per dare piacere a una donna, Buddha raccomanda di non dimenticare di regalare alla propria sposa ornamenti e gioielli; ma non dice come sceglierli, ed è tutt'altro che semplice. Per quanto riguarda gli abiti, sono assolutamente negato, le creazioni dei cosiddetti "grandi stilisti" mi annoiano a morte, gli unici indumenti che risveglino il mio interesse sono quelli ultrasexy, i vestiti da zoccola, ma in quel caso non si esce veramente dall'universo del sesso; si tratta di un elemento infantile, che distrae, tutto nella vita quotidiana contribuisce a distoglierci dal gioco, tutto è così noioso, così tecnico e così piatto. Per i gioielli, credo che avrei avuto maggiori attitudini; ma è un campo complesso, esistono numerose pietre, non ho avuto davvero occasione di approfondire la materia. La simultaneità delle gioie, in ogni caso, non è mai così grande. "Piacere di offrire, gioia di ricevere": questa era la frase scritta, nella mia infanzia, in cima a piccoli distributori che rilasciavano, per una modica somma, un gadget casuale, quasi sempre di scarsa durata (non erano ancora prodotti nella Cina popolare, però); è anche, peraltro, una descrizione notevolmente accurata dell'amore fisico.

Non si può dire che la lettura e la scrittura facciano veramente parte della vita, le offrono piuttosto un'alternativa. La sessualità era stata la gioia più grande della mia vita e, in maniera sorprendente, la più duratura in fin dei conti. Non ero mai davvero riuscito a tenerne traccia, per le ragioni che ho detto. Non avevo intenzione di rendere pubblica quella traccia, se non forse a titolo postumo, nel caso in cui fossi riuscito a catturare un momento che racchiudeva un fascino particolare, e a condizione che la donna con cui avevo condiviso quel momento vi fosse anch'essa sensibile. Era atroce per me pensare che l'unica traccia che sarebbe rimasta della mia vita sessuale, la parte più vivace della mia vita, sarebbe stata un coito mediocre con una troia inerte, filmato da uno scarafaggio degenere, il tutto sicuramente di una bruttezza assoluta. Mi meritavo di meglio; chiunque si merita di meglio.

La mia situazione nell'universo mediatico francese si stava rapidamente deteriorando, e in misura impressionante.

I miei nemici tradizionali, prima stimolati dalla ripresa del caso "islamofobia", poi stuzzicati dal nuovo caso "porno", gongolavano di entusiasmo. La cosa sorprendente, e che avrei creduto impossibile, era che i miei rapporti con la sinistra si erano ulteriormente guastati. Erano persino apparse, una dopo l'altra, alcune opere che denunciavano la mia collusione con l'estrema destra. L'insieme delle argomentazioni era rimasto lo stesso fin dai tempi del libro fondativo di Lindenberg, dato che gli unici avvenimenti degni di nota sopraggiunti da allora erano stati la morte di Philippe Muray e Maurice Dantec, che i più recenti denunciatori stavano facendo del loro meglio per sostituire – con autori ai quali personalmente mi sentivo meno vicino, conoscevo e amavo Philippe e Maurice, mentre così non era nel caso dei nuovi arrivati e mi sembrava che il fronte reazionario tendesse piuttosto a disgregarsi. Prestai poca attenzione agli articoli dell'"Obs": ero consapevole del saldo odio che nutrivano verso di me, per via delle prese in giro che avevo inflitto in passato allo stile di Jérôme Garcin, e non potevo aspettarmi più nulla da loro. Non avevo invece mai del tutto disperato del quotidiano "Libération". Laurent Joffrin non mi amava, ma aveva sempre conservato nei miei confronti una certa integrità giornalistica, nella misura in cui questo termine ha un senso (ne aveva uno, e Laurent Joffrin dopotutto apparteneva a una vecchia generazione; era anche lui un boomer). Tutto questo col suo successore era scomparso, e rimasi scioccato dalla prima pagina del quotidiano dedicata alla mia "deriva", in cui si sottolineava il mio "razzismo ossessivo", senza la minima giustificazione e senza poter addurre la minima *prova a carico* (i miei rapporti col giornalismo francese cominciavano a scivolare, lo constato mio malgrado, su un puro e semplice registro legale). In confronto a quella prima pagina ignobile, le molteplici interviste che il quotidiano di centrosinistra avrebbe in seguito accordato allo Scarafaggio sono quasi irrilevanti.

Ai miei vecchi nemici se ne aggiunsero di nuovi, in particolare “Marianne” e BFM TV. Ne fui in entrambi i casi sorpreso: pensavo fossero mezzi di informazione neutrali e insipidi, ma anche loro erano capaci di cattiveria, e aspiravano a dimostrarlo.

Un grande silenzio si fece nella destra cattolica.

Anche Nelly Kaprièlian scrisse un deplorevole articolo in cui mi rivolgeva uno strano rimprovero: quello di “criticare la decadenza dell’Occidente e al tempo stesso girare un porno”. Ho già spiegato a sufficienza che la degenerazione morale contemporanea non aveva nulla a che vedere con il sesso, che la pornografia era di per sé un intrattenimento innocente ecc. Non che mettere in relazione la sessualità e la morale sia di per sé un’assurdità logica; piuttosto, sono come due figure geometriche che si potrebbero girare e rigirare in tutte le direzioni, senza mai riuscire a farle coincidere. Ne approfitto per citare alcuni versi di Baudelaire che non sono certo tra i più belli che abbia composto, tutt’altro, non è nemmeno la quartina più riuscita di *Donne dannate*, ma ha il merito di mostrare che Baudelaire, oltre a tutto il resto, era talvolta capace di scrivere cose ragionevoli.

> Maledetto per sempre il sognatore inutile
> Che volle per il primo in sua stupidità,
> Vagheggiando un problema insolubile e sterile
> Immischiar nelle cose d’amore l’onestà!

Ciò che in fondo Nelly Kaprièlian mi rimproverava davvero era di aver "concesso un'intervista" a "Le Monde". Aveva già fatto lo stesso qualche anno prima con "Valeurs actuelles". Avevo rilasciato la mia ultima intervista allo "Spiegel" nell'ottobre del 2015, durante la fiera del libro di Francoforte. Non sono uno che ha la risposta pronta, è raro che dica cose molto interessanti nel corso di un'intervista realizzata all'impronta; d'altra parte, rileggerle e correggerle sarebbe noioso e inutile. Nel sistema delle "parole riportate", il lavoro spetta al giornalista. Bisogna avere a che fare con un giornalista intelligente, certo, il che è raro, e Jean Birnbaum ("Le Monde") e Geoffroy Lejeune ("Valeurs actuelles") appartengono intellettualmente all'élite di una professione che è a buon diritto la più disprezzata dai francesi; tutto considerato, tra i giornalisti ho riscontrato meno casi di malevolenza che di pura e semplice incompetenza.

Per evitare gli squittii di rabbia gelosa, avevo finito per rinunciare alle "parole riportate", accontentandomi di scrivere ogni tanto un articolo d'opinione, una recensione, insomma un testo. Avevo previsto da tempo di fare un'eccezione per l'eutanasia, a condizione che il dibattito fosse animato da David Pujadas; ma l'aggressione fatta dallo Scarafaggio, con l'assistenza dell'Oca e della Troia, mi costringeva a cambiare atteggiamento, ero stanco di lasciare a loro il monopolio dell'ingiuria. Avevo avuto la mia parte di polemiche, ero un misogino e per di più fascista, d'accordo, ma fino ad allora la mia vita privata era stata relativamente risparmiata. Avevo sì avuto a che fare con un biografo – specie stupida e maligna – ma mai con quelle merde umane che sono i ladri di immagini, gli stessi la cui prima reazione, quando avevano raggiunto in anticipo rispetto ai soccorsi l'auto di Lady D sotto il tunnel del pont de l'Alma, non era stata quella di preoccuparsi di sapere se fosse viva, ma di tirare fuori le loro macchine fotografiche. Dato che la notorietà di uno scrittore, per quanto famoso, è sempre relativa, contavo di sfuggire alle grinfie di quei vampiri fino alla fine dei miei giorni, a patto di evitare d'andare a letto con un'attrice. In breve, di fronte a una catastrofe imprevista, dovevo rassegnarmi a rilasciare delle interviste.

Per quanto riguarda il caso "Front populaire", continuai a chiedere a Stéphane Simon una nuova edizione di quel numero speciale, che includesse le mie modifiche. Non feci alcun nuovo tentativo con Michel Onfray, il cui rifiuto era stato troppo brutale. I due mi apparivano a ogni modo sotto una nuova luce: più duro e fondamentalmente malvagio Onfray, che simulava un orgoglio suscettibile, più rammollito Simon, ma in fondo entrambi determinati nella loro avidità di guadagno. Quel numero speciale di "Front populaire" aveva avuto un successo inusitato, dovuto principalmente – sarebbe stato stupido sfoggiare una falsa modestia – al mio contributo; io non avevo beccato un centesimo. Secondo il mio agente, il mio mancato profitto ammontava a circa duecentoventicinquemila euro. Quella nuova edizione sembrava essermi dovuta, ma non mi pare di aver utilizzato il verbo "esigere", non più di quanto l'abbia fatto con lo Scarafaggio. Nel caso francese non potevo esigere nulla, dal momento che non avevo firmato qualcosa; e neppure nel caso olandese, per via di ciò che avevo firmato; la struttura della situazione era identica, e avevo raggiunto, a livello personale, un'idiozia quasi perfetta.

Nel bel mezzo di questo disastro, una sola cosa che non speravo e non mi aspettavo – a dire il vero, non avevo nemmeno pensato molto a lui negli ultimi tempi – mi fece realmente bene: il sostegno immediato, amichevole e leale di Bernard-Henri Lévy.

Nella nostra prima conversazione telefonica dopo l'inizio della vicenda, mi disse che mi aveva perdonato tutto, "anche la mia intervista con Michel Onfray". In genere si parla del perdono in maniera troppo imprecisa. Perché ci sia perdono, deve esserci anzitutto un colpevole, che si riconosca tale e chieda di essere perdonato. Non era affatto questo il mio caso, la prima volta che telefonai a Bernard-Henri; ma capii rapidamente, dopo essermi informato sulla violenza ossessiva dell'odio che Onfray manifestava nei suoi confronti. Bernard-Henri doveva sospettare che non ne fossi del tutto al corrente, ma forse ancora non calcola l'ampiezza della mia ignoranza, ed è soprattutto per lui che mi lancio in una nuova digressione, relativa stavolta alle mie abitudini di telespettatore.

Dopo *Annientare* ho conservato alcune abitudini bizzarre, che mi fanno svegliare di solito verso l'una o le due del mattino. Una volta assorbita una certa dose di caffeina, verso le tre accendo la televisione, immancabilmente sul canale Chérie 25. Quando scrivo è diverso, ma di recente non era stato così, cioè, non fino a questi ultimi giorni. Su Chérie 25 guardo vari episodi delle serie *Major Crimes* e *L'Héritage*, entrambe notevoli, e poi nei giorni migliori uno o due episodi di uno strano prodotto televisivo intitolato *Le jour où tout a basculé*. Verso le cinque c'è una pausa abbastanza lunga, durante la quale posso lavarmi e vestirmi, a volte ascoltando i canali Histoire e Toute l'histoire, sebbene cominci quasi ad averne abbastanza della seconda guerra mondiale. In via più eccezionale, faccio ricorso a Chasse et pêche e Science & Vie TV.

Alle sette del mattino è il momento di provare Crime District, dove coesistono il peggio (*Dans l'enfer des sectes polygames*, *Les faits Karl Zéro*) come il meglio (la serie *Verdict*, incentrata non sul crimine ma sulla sentenza).

La mia giornata di telespettatore termina intorno alle otto.

Per molto tempo ho guardato i canali di informazione, quantunque esasperato, sempre di più, dalla lunghezza infernale dei loro tunnel pubblicitari. Ho smesso dopo i primi tre mesi della crisi del Covid, perché non riuscivo più a sopportare il programma speciale dedicato, ventiquattr'ore su ventiquattro, a questa pandemia priva di interesse. I canali di informazione partono dal presupposto che uno e un solo tema possa a un dato momento esaurire l'attualità, ma in quel caso stava diventando davvero troppo, e sentivo che i miei rapporti con la classe medica, fino ad allora eccellenti, ne avrebbero alla fine risentito. Non sono mai davvero riuscito a riprendere, malgrado la pittoresca candidatura di Éric Zemmour, e la guerra in Ucraina non è stata di alcun aiuto, poiché mi ha insegnato semplicemente che i generali potevano essere ancora più pallosi dei medici. E a proposito dell'Ucraina, caro Bernard-Henri, devo fare un'ultima confessione: durante la breve guerra di qualche anno fa, conclusasi con l'annessione della Crimea, la mia sorpresa era stata assoluta: pensavo che l'Ucraina e la Crimea fossero ancora province russe; nella stessa occasione, scoprii l'esistenza dei paesi baltici. Alcune conseguenze della caduta dell'URSS mi erano dunque sfuggite. La maggioranza dei francesi, bisogna rendersene conto, è ancora più ignorante di me in materia di geopolitica.

Con i canali di informazione, dunque, ho chiuso definitivamente. Mi capita a volte di rimpiangere David Pujadas, di gran lunga il miglior giornalista della sua generazione; anche Jean-Marc Morandini, più raramente, per ragioni che mi sfuggono. Pascal Praud mai, mi ha sempre esasperato, non fa che interrompere le persone e contraddire i suoi ospiti, quando delle sue opinioni, francamente, chi se ne frega. In definitiva, nel complesso faccio molto volentieri a meno del sistema pensionistico e delle proteste della società civile in

Birmania; anche se ho raggiunto l'età della pensione e quello in Birmania resta il più bel viaggio che abbia fatto. Sono al contrario preparatissimo su Suge Knight e Xavier Dupont de Ligonnès. I nostri interessi sono quindi parzialmente diversi, ma questo lei lo sa da tempo. Può darsi che sul piano politico Michel Onfray abbia ragione su alcuni punti (be', su uno solo in realtà, l'Europa, ma non è un punto trascurabile), però rispetto a ciò che ho appena scritto non ha la minima importanza. Tutto sommato, l'effetto principale di questi ultimi mesi è stato quello di rafforzare e poi di confermare definitivamente in me una vecchia tendenza. Non credo nelle idee, credo nelle persone.

Il 3 marzo ebbe luogo in Francia una prima sconfitta giudiziaria, acclamata dai media. In fondo, non avrebbe dovuto sorprendermi; già da tempo non avevo più *fiducia nel sistema giudiziario del mio paese*. Aveva detto bene Nicolas Sarkozy: i giudici sono dei piselli. Questa formula brillante avrebbe fatto meglio a tenerla per sé; gli è costata cara. So quanto sia difficile resistere alla tentazione di una definizione brillante, e ancor più quando è esatta.

Subito dopo l'azione si spostò in Olanda, e fu lì che compresi appieno la pericolosità dello Scarafaggio. Del sistema giudiziario olandese, non sapevo nulla. I miei vaghi barlumi su quello francese provenivano dall'eccellente serie *Verdict*, di cui ho parlato in precedenza – prima di questa serie non avevo mai capito, per esempio, cosa fossero esattamente le "parti civili". Un altro insegnamento, poco edificante, derivava invariabilmente dagli episodi: se voleva ridurre la sua pena, l'assassino aveva interesse a manifestare in modo convincente i suoi rimorsi, e a chiedere perdono con commozione, se non con sobrie lacrime, alle famiglie delle vittime; come se questo facesse qualche differenza; come se si trattasse di giudicare un uomo, e non le sue azioni. "Ogni albero infatti si conosce dai suoi frutti: non si raccolgono fichi dalle spine, né si vendemmia uva da un rovo" (Luca 6, 44). Si trattava comunque di processi penali; nel mio caso non si era ancora a quel punto.

Ne sapevo di più sul sistema giudiziario americano, da quando avevo ripreso a leggere i romanzi di John Grisham. Non mi aspettavo più granché da John Grisham. Dopo la brillante invenzione iniziale del "thriller legale", e dopo il suo ultimo successo che era stato *L'uomo della pioggia*, mi sembrava che si fosse arenato, che facesse fatica a rinnovarsi. Il che spiega la mia lieta sorpresa quando mi imbattei, per puro caso, in *Skipping Christmas* (ho dimenticato il titolo francese, ma deve essere abbastanza simile[1]), un breve romanzo davvero spassoso ambientato nell'universo a me sconosciuto delle periferie residenziali americane, imperniato sul kitsch del Natale nel mondo anglosassone (qui ne so qualcosa in più, avendo vissuto in Irlanda), e in cui era assente qualsiasi elemento legale. La vera grandezza di Grisham mi apparve però solo poco più tardi, quando pur reintroducendo personaggi di avvocati e giuristi, decise di trasferire l'azione dei suoi libri nel profondo Sud, di cui è originario, e in particolare nel Mississippi. L'ultimo che ho letto, *La resa dei conti*, è un libro davvero bello, misterioso e sconcertante.

[1] In italiano, *Fuga dal Natale*. (*N.d.T.*)

Quando avvenne in lui questa mutazione, John Grisham era sulla quarantina, più o meno la stessa età dello Scarafaggio. Ero troppo severo supponendo che l'assenza d'ogni talento manifestata finora dallo Scarafaggio fosse definitiva? Non credo. Da un lato, Grisham aveva già prodotto alcune pagine di un certo valore, il che non era vero nel caso dell'insetto olandese. Dall'altro, anche nel campo della letteratura romanzesca, tradizionalmente considerata la forma d'arte che richiede la maturazione più lunga, simili inversioni di rotta sono rare. Una delle più spettacolari, o perlomeno la mia preferita, è quella di Theodor Fontane. A sessant'anni passati Theodor Fontane, che fino a quel momento non aveva scritto nulla di rilevante, iniziò a produrre una serie ininterrotta di piccoli capolavori (piccoli nelle dimensioni, ma dopotutto anche questo conta, quando una cosa inizia a piacerti non esiste il troppo). Il meglio che possa fare per rendergli omaggio è riportare la fine della prefazione che Claude David, rifacendosi a sua volta ampiamente a Thomas Mann, gli dedica nel volume della collana "Bouquins" che raccoglie quattro dei migliori romanzi di Fontane, il più noto dei quali grazie al cinema è senza dubbio *Effi Briest*, sebbene il mio preferito sia *Smarrimenti, disordini*. E visto che ne parlo, e che non è evidente in maniera chiara leggendo i due libri: l'unico giorno di felicità di Botho e Lene, durante la loro gita in campagna ai cantieri navali, ha ispirato direttamente il giorno di felicità di Aurélien e Maryse sui monti del Beaujolais.

"Fontane segna una svolta decisiva nella storia del romanzo tedesco. Dopo di lui non si può più scrivere come si era fatto prima. Fontane muore nel 1898; tre anni dopo, Thomas Mann pubblica *I Buddenbrook*. Questo libro è l'erede immediato di Fontane. Thomas Mann, del resto, non ha mai negato il suo debito. [...] Già nel 1910, interpellato da un giornale di Berlino in occasione dell'inaugurazione di un monumento a Fontane nel Tiergarten di quella città, rispondeva: 'È nostro padre... Dove altro esiste, nella prosa tedesca, tanta altezza unita a una simile assenza di pretese? Era un poeta, anche quando sembrava sproloquiare...' E ancora: 'Ogni suo verso, ogni riga delle sue lettere, ogni brandello di dialogo che ha scritto provoca in me un rapimento immediato e istintivo, mi rasserena, mi riscalda, mi riempie di felicità.' [...] Thomas Mann non rimarrà sempre nel solco di Fontane; più tardi, nella *Montagna incantata*, nel *Doctor Faustus*, sceglierà un'altra strada; intaserà le sue narrazioni di problemi e ideologie, analizzerà la vita intellettuale, il destino dell'intellettuale. Robert Musil, con mezzi diversi, perseguirà gli stessi fini. Oggi li leggiamo con piacere. Ma non si può escludere che, quando questi ambiziosi edifici saranno crollati, l'opera discreta di Fontane sopravviva loro."

Citare l'ultima frase di questa prefazione richiede un certo coraggio da parte mia. Ci sono pochi autori che ammiro più di Thomas Mann; ma non c'è dubbio che egli abbia "intasato le sue narrazioni di problemi e ideologie"; e non c'è dubbio che anch'io abbia fatto altrettanto. Perlomeno, ho deciso di non intasarne più la mia vita.

Non si può dire che John Grisham, a differenza di alcuni dei suoi colleghi, abusi del personaggio dell'avvocato aggressivo del Bronx coltivando la sua somiglianza con Richard Nixon. Se un personaggio del genere esiste, e tutto porta a credere che esista davvero, mi sono più volte detto che era proprio ciò di cui avrei avuto bisogno per il mio processo in Olanda. Un'avvocata onesta come la mia si trova necessariamente in una posizione di debolezza di fronte a un bastardo privo di scrupoli. E da questo punto di vista l'avvocato dello Scarafaggio, Christiaan Alberdingk Thijm, non era da meno del suo cliente. Per diverse settimane riuscì a far credere alla mia avvocata che il loro più grande desiderio, suo e dello Scarafaggio, fosse quello di imboccare la strada della negoziazione. Sapevo per certo che era falso, ma non mi faccio un vanto di averlo compreso prima di Jacqueline; avevo parecchio vantaggio su di lei, avendo avuto modo di conoscere lo Scarafaggio già da qualche mese. Una penosa conseguenza fu che dovetti tacere per "non compromettere le trattative in corso", mentre lo Scarafaggio si pavoneggiava sui media, soprattutto sul quotidiano francese "Libération", spesso accompagnato dalla Troia e perfino, in un'occasione, per un canale televisivo olandese, dalla più decorativa Oca. Naturalmente non era in corso nessuna trattativa. Christiaan Alberdingk Thijm stava guadagnando tempo.

Tempo, sì, ma per fare cosa? Perché lo Scarafaggio potesse "rifinire il suo montaggio"? Ma andiamo. Per rifinire delle cagate come quelle che metteva online fin dalla nascita di KIRAC, due o tre giorni di montaggio erano ampiamente sufficienti. Le motivazioni dello Scarafaggio e del suo avvocato erano in realtà di due ordini.

Da un lato, puro sadismo. Facendo balenare la possibilità di una negoziazione senza mai mantenere le sue promesse, Christiaan Alberdingk Thijm si comportava con Jacqueline nello stesso modo in cui lo Scarafaggio si era comportato con Sid Lukkassen in *Honeypot*.

Dall'altro, la venalità. Tirando le cose per le lunghe, l'avvocato dello Scarafaggio rendeva più plausibile la presentazione di una parcella elevata per le spese di difesa, a una tariffa di seicento euro all'ora, che aveva tutta l'intenzione di far pagare a me alla fine. All'inizio ci provò pretendendo che il rimborso dei suoi onorari di avvocato fosse incluso nelle eventuali trattative, ma mi rifiutai. E adesso sta cercando di ottenere la stessa cosa per vie legali. In realtà lavora gratuitamente, il termine tecnico è *pro bono*; i due bastardi con ogni probabilità hanno previsto di dividersi i profitti della truffa. Metà e metà? L'unico errore di Christiaan Alberdingk Thijm è stato quello di vantarsi su Instagram di lavorare gratis per lo Scarafaggio; la sola gioia che si aspettava di ricevere da questo caso era quella di essere stato, come suo solito, l'ultimo baluardo della libertà di parola.

Alla fine, Jacqueline aprì gli occhi riguardo le trattative, ma continuò a impormi la consegna del silenzio mediatico, stavolta con la motivazione che ai giudici non piace quando si cerca di esercitare pressioni su di loro attraverso la stampa. Ci credevo un poco di più che alle promesse di negoziazione dell'avvocato dello Scarafaggio, ma appena un poco, e questa volta decisi di disobbedire. Non sapevo nulla dei giudici olandesi, ma l'esperienza francese dimostra piuttosto che i giudici, arroganti di fronte al potere esecutivo, diventano servili di fronte ai media. Dei piselli.

Un'ultimissima obiezione, dello stesso tipo, mi è stata fatta riguardo la stesura di questo libro. Dando così tanto spazio allo Scarafaggio, non gli attribuisco un'importanza eccessiva? E non rischio di immortalarlo, cosa che non merita per niente?

Ebbene sì, in un certo senso. Ma un personaggio nettamente malvagio è necessario di tanto in tanto, e nella vita reale per fortuna è raro imbattersi in un esempio tanto perfetto, *impeccabile* di bastardo; lo Scarafaggio era, da questo punto di vista, una vera manna. Quanto all'immortalità, non penso che lo Scarafaggio potesse nemmeno vagamente concepirne l'idea. Mi è sempre sembrato che il paragrafo finale del giuramento di Ippocrate concentrasse allo stesso tempo, con un'ammirevole brevità e un'eleganza d'espressione servita in francese dalla bellissima prosa di Émile Littré, il principio e la radice psicologica della morale antica: "Se adempirò a questo giuramento senza infrangerlo, possa io godere felicemente della vita e della mia professione, onorato per sempre dagli uomini; se lo violerò e mi macchierò di spergiuro, possa io subire una sorte contraria." La psicologia dello Scarafaggio prevede la possibilità di simili fenomeni? Non credo, non credo nemmeno che i famosi "quindici minuti di fama" siano stati la ragione principale del suo agire. Sarei piuttosto tentato di mettere al primo posto, e in parti uguali, la voluttà di infliggere la sofferenza e la semplice attrattiva del lucro; i quindici minuti warholiani vengono solo dopo.

Quanto alle ragioni del mio agire, sono di diversi ordini. Da tempo sapevo che la vendetta e l'odio sono motori efficaci, o meglio, l'avevo sentito dire, senza aver avuto l'opportunità di sperimentarlo in maniera diretta. I miei personaggi nettamente malvagi sono di rado sviluppati, poco numerosi, e finora non avevano avuto alcun modello di riferimento reale. Nelle *Particelle elementari* Di Meola fa solo brevi apparizioni e, oltre ai casi noti di Charles Manson e Bobby Beausoleil, non ha altri riferimenti, se non oscure tendenze del *death metal* norvegese. Yuzu è più approfondito, ma deve la sua esistenza solo a una visione di fantasia del Giappone, alimentata da alcune fotografie effettivamente ripugnanti e da alcuni fatti storici, tra cui occorre citare in primo luogo i massacri di Nanchino. Di recente mi è stato detto che la giornalista Élisabeth Philippe aveva creduto di riconoscersi nel personaggio di Indy. Può anche essere, ma io non conoscevo la giornalista Élisabeth Philippe e continuo a non conoscerla, nemmeno attraverso i suoi scritti.

Eppure quello scarafaggio idiota mi faceva perdere tempo con l'odio, quando di tempo non me ne resta poi molto, e a volte sono stato capace di provare a descrivere l'amore, fenomeno ben più interessante dell'odio e degli scarafaggi; ma non sempre si possono scegliere le circostanze e i temi, la scrittura a volte è costretta ad adeguarsi.

Esiste anche un obiettivo morale, ma è un aspetto che non ho ancora affrontato. Balzac, più o meno nello stesso periodo, dice più o meno la stessa cosa di Lermontov; in entrambi i casi non si tratta tanto di descrivere il Male in generale quanto di descrivere un Male *moderno*, generazionale. Dostoevskij, contrariamente a quanto forse credeva, si trova nella stessa posizione. E anche Bret Easton Ellis, ma lui lo è in modo pienamente consapevole. Il caso di Hubert Selby Jr. è più difficile da decidere e meriterebbe di essere esaminato a fondo, in particolare per quanto riguarda *The Demon*. Tra le mie letture, in realtà, mi pare che solo

Baudelaire dichiari apertamente un'ambizione più ampia, attraverso la scelta dell'epigrafe a *I fiori del male*:

> Si dice di affondare le cose esecrande
> nel pozzo dell'oblio, chiuderle in un sepolcro,
> e che il male, ridato dalle storie alla vita,
> infetterà i costumi della posterità:
> ma il vizio non ha per madre la scienza,
> e la virtù non è figlia dell'ignoranza.
>
> (Théodore Agrippa d'Aubigné, *Les Tragiques*, libro II)

A differenza di Rimbaud, la cui ambiguità al riguardo è meravigliosa, lo Scarafaggio è assolutamente moderno. La cosa più antica che si possa riscontrare in lui è questa tecnica, che risale almeno ai surrealisti, di denigrare, o addirittura insultare l'ambiente artistico esistente, allo scopo di ricavarsi un posto. Un posticino piccolo, lo Scarafaggio sa di non vivere più ai tempi di Picasso; ma tornerò più avanti sul caso di Picasso, il vero eroe dello Scarafaggio. Un secolo dopo, le aspettative del mercato si sono ampiamente diversificate, ma anche il formaggio è diventato più grasso, i ricchi sono ricchissimi; ormai basta un posto minuscolo per sfamare lo Scarafaggio e la sua piccola famiglia, anche se, come abbiamo visto, lui è pronto a tutto per accrescerla, le ambizioni degli spermatozoi dello Scarafaggio sono immense.

Già più contemporanea è la sua mania di registrare tutto, di documentare in continuazione i suoi rapporti e i suoi contatti, il ricattatore in lui non sonnecchia mai del tutto. Fuori dell'universo del thriller, finora simili pratiche si incontravano piuttosto nel mondo del giornalismo politico (Davet e Lhomme) o della politica in generale (Patrick Buisson).

Aggredire fisicamente la Bellezza, o almeno riproporsi di farlo, è al tempo stesso molto antico (Erostrato) e molto moderno (i militanti ecologisti contemporanei).

Tutto sommato, se ha assimilato i caratteri principali della modernità, lo Scarafaggio non ha introdotto alcuna innovazione, nemmeno nel Male. Del resto, non è da includere nemmeno nel novero dei predatori, ma tra i parassiti, poiché può sopravvivere solo all'interno di un organismo di dimensioni più grandi. La sua decisione di distruggermi dopo avermi usato può quindi sorprendere. La cosa si spiega col fatto che non può ragionevolmente aspettarsi nient'altro da me, ormai sono al corrente dei suoi metodi; e una distruzione totale accrescerebbe il suo lustro, senza mettere necessariamente in allerta le sue future vittime. Quale bersaglio potrebbe sceglersi ora? A prima vista, gli si potrebbe suggerire un rinomato ecclesiastico. Soggetti in virtù della loro posizione a una castità disumana, gli ecclesiastici danno a volte prova di una stupefacente ingenuità, accentuata dal loro rapporto con un Dio d'amore fittizio. Non dovrebbe tuttavia trascurare altre piste. Potrebbe, per esempio, prendersela con un guénoniano, un bersaglio poco conosciuto. Per la sua familiarità con un pensiero inesatto e poco diffuso, il guénoniano è tenuto in uno stato di profonda ignoranza rispetto al mondo reale. La difficoltà, anzi la quasi impossibilità dell'impresa, consisterebbe nello scovare un guénoniano famoso. Ma perfino un piccolo guénoniano potrebbe servire allo Scarafaggio come sessione di prova, per non perdere la mano, prima di confrontarsi con un bersaglio più serio: un attore o un cantante di grande fama. Preservati nella loro innocenza dalla frequentazione di un vasto pubblico, soffrendo in segreto del fatto di non ottenere l'adesione di un pubblico più colto, di cui l'arte contemporanea rappresenta senza dubbio ai loro occhi la quintessenza, avendo da tempo perso il senso del ridicolo a causa degli obblighi promozionali cui sono sottoposti, i cantanti e gli attori famosi sarebbero un bersaglio ideale per lo Scarafaggio. Dovrebbe soltanto rinnovare il suo repertorio di esche e lusinghe, dato che quelle della Troia sono largamente insufficienti. Per il resto, cose come "sono il suo più grande fan da quando avevo otto anni", è superfluo innovare: la vanità dell'attore o del cantante celebre è più o meno pari a quella dello scrittore rinomato.

Queste interessanti considerazioni sociologiche mi stavano tuttavia allontanando dalla mia ricerca, c'era qualcosa nella modernità di KIRAC che continuava a sfuggirmi. Mi rassegnai dunque a guardare per la seconda volta *Honeypot*, il loro più grande successo, il film in cui l'umiliazione di Sid Lukkassen aveva permesso loro di raggiungere una relativa notorietà nei Paesi Bassi.

Innanzitutto, una pentola di cozze viene rovesciata rumorosamente a terra. È la prima inquadratura del film, l'unica del resto che testimoni di una bruttezza attiva, o addirittura di una qualunque intenzione estetica. Siamo nell'universo di *Strip-Tease* e del *Cameraman e l'assassino*, insomma, nella modernità tipica di quella zona desolante e piatta che è il cuore della cosiddetta "Europa di Bruxelles"; è comprensibile che questa gente abbia accolto con entusiasmo l'eutanasia. Dopo un insignificante scambio di battute sulla condizione dei marocchini nei Paesi Bassi, compare un nuovo personaggio, la Vipera, compagna dello Scarafaggio, il cui vero nome è Kate Sinha. Chiama Sid Lukkassen al telefono. La conversazione dura circa due minuti. La Vipera gode delle lacrime e dei lamenti del filosofo, la cui causa ci resta incomprensibile. Segue un momento sessuale di circa tre minuti, che vede protagonisti, oltre a un operaio di estrema destra (un lepenista locale, insomma), la Troia ma anche più brevemente Mette van Dijk, la carogna che parla francese cui ho brevemente accennato altrove, ma di cui non avevo notato la presenza la prima volta che avevo visto *Honeypot*. Sono presentate, senza alcuna giustificazione particolare, come "studentesse di sinistra".

Adesso avevo capito, e interruppi la mia seconda e ultima visione al settimo minuto. La crociata antiporno dei conservatori cattolici francesi mi era sempre apparsa come uno strano capriccio, apparentemente privo di importanza, ma mi metteva comunque a disagio, perché la sentivo fortemente contraria alla tradizione dei cattolici europei, soprattutto quelli dell'Europa del Sud, e sentivo anche che probabilmente firmava la condanna a morte di quella religione, infrangendo il patto implicito stipulato molti secoli prima con il *peccato della carne* e, secondariamente, con altri peccati minori. Non poteva che favorire l'avanzata delle sette evangeliche americane, le quali perlomeno sono coerenti nel loro puritanesimo storico; a meno che, forse, lo scopo segreto del cattolicesimo non sia sempre stato quello di distruggere il mondo, e abbia acconsentito a un accordo provvisorio con la lussuria solo quando la percepiva forte, cosa ormai non più vera. Naturalmente io non *approvavo* la totalità dei film porno offerti per il download, per esempio sulla piattaforma Xvideos; ne *approvavo* tutt'al più il due o il tre per cento. Ma ce n'erano ancora di meno, l'uno per cento al massimo, che avrei deciso di vietare senza pensarci due volte. Il due o il tre per cento sembra poco, ma vista l'enormità del flusso, rappresenta già una certa quantità, e personalmente dovevo aver scaricato un buon centinaio di video. Sapevo, o meglio, sospettavo l'esistenza di altri siti ad accesso più limitato, dedicati a varie forme di devianza (zoofilia, sadomaso), ma preferivo dimenticarmene. Quanto alla pedofilia, presumevo fosse relegata nella *darknet*, e che difficilmente ne sarebbe uscita. In quei pochi minuti iniziali di *Honeypot* avevo avuto, per la prima volta in vita mia, l'impressione che nella sessualità ci fosse qualcosa di *sporco*; nella sessualità di per sé, al di là di qualsiasi devianza; guardando il cazzo del lepenista agitarsi, per la prima volta mi ero vergognato di avere un cazzo e di usarlo. Era molto più grave dei pochi film porno alla cui proiezione avevo potuto assistere da giovane: quelli erano poco interessanti, brutti e stupidi, ma non avevano niente di *sporco*. Costituivano un'iniziazione disastrosa alla sessualità, che avrebbe richiesto in chiunque vi si fosse sottoposto, *uomini e donne*, un vero e proprio lavoro di riapprendimento; ma non rappresentavano un insulto alla sessualità stessa; rivelavano soprattutto la visione sprezzante che i registi dei porno professionali avevano del loro pubblico. I film di KIRAC, invece, potevano ispirare nei confronti della sessualità una vera e propria nausea, e forse, se li si subiva in dosi troppo ripetute, un disgusto definitivo; era in questo che risultavano assolutamente moderni. E lo facevano senza alcun riferimento alla religione, né tantomeno al femminismo, di cui al contrario si facevano beffe. Non c'era comunque nulla, lì dentro, che si potesse considerare affine a una creazione artistica, ma era all'opera un'autentica intelligenza perversa. Lo Scarafaggio era senza dubbio alcuno il leader del movimento, il suo principio unificante, non appena si trattava di passare all'azione concreta; era efficacemente assistito dal suo avvocato, Christiaan Alberdingk Thijn; munificamente sovvenzionato dal suo mecenate, Philip Van den Hurk, di cui non ho parlato finora perché su di lui non c'è niente da dire, dato che si limita a fornire i soldi necessari al proseguimento dell'impresa. Ma lo Scarafaggio, dotato di solida intelligenza pratica e di un talento naturale per la menzogna, atto insomma alla *scaltrezza*, era incapace di concepire qualsiasi idea; la vera teorica del movimento mi apparriva sempre di più la Vipera, sua compagna e madre dei suoi figli. Musset, con la sua caratteristica buona fede, si stupisce da qualche parte che Maximilien Robespierre potesse aver avuto una madre, e persino una *tata*, che potesse essere stato un bambino, e persino un neonato in fasce. Condivido il suo stupore, anche se personalmente non considero Robespierre la quintessenza del male. Nella sua *Storia dei Girondini*, Lamartine si spinge molto più in là nell'analisi di questo strano personaggio, il più improbabile forse della storia francese. Con coraggio, si imbarca nella descrizione di qualcosa che risulta quasi inconcepibile per lui. Che Robespierre potesse essere *incorruttibile* nel senso consueto del termine, che le ricchezze materiali non lo attraessero, Lamartine lo ammette senza difficoltà; ma il fatto che mostrasse la stessa indifferenza nei confronti delle donne non riesce quasi a crederlo. La Vipera era qualcosa di ancora più oscuro, che Lamartine non avrebbe potuto concepire; la crudeltà femminile ha sempre gettato i maschilisti, soprattutto quelli romantici, in una dolente perplessità. Così, mentre riporta con disgusto ma senza sorpresa i massacri di settembre, Lamartine ha più difficoltà con le *tricoteuses*, che durante la Rivoluzione assistevano alle decapitazioni sferruzzando a maglia. Il mistero dinanzi al quale l'intelligenza di Lamartine finisce per capitolare è che la crudeltà femminile è una crudeltà secondaria, di reazione, ha sempre il carattere della vendetta.

L'odiosa e triste Vipera; intellettualmente superiore allo Scarafaggio, nondimeno era sua vittima fisicamente, riproduceva a distanza di tempo la sorte delle donne che avevano avuto la sfortuna di incrociare sulla loro strada Pablo Picasso – ma per giunta mediocre, il mondo moderno volgeva comunque alla fine, e poteva accogliere solo farabutti di piccola taglia. All'indomani della prima guerra mondiale, un idiota itifallico poteva ancora conquistare l'universo artistico, a patto che la sua anima fosse sufficientemente brutta e sufficientemente attiva. Se Picasso deforma le cose e soprattutto le persone imbruttendole, è perché la sua anima è brutta; ed è di questo che aveva bisogno il ventesimo secolo per iniziare veramente. Picasso pone al di sopra di tutto il suo godimento di idiota itifallico, basato molto più sul Male che sul sesso. Potrebbe rappresentare un equivalente novecentesco di Sade, in lui si palesa la stessa crudeltà; solo che Picasso sviluppa un talento assolutamente specifico per torturare le donne. Sade detestava e voleva distruggere il mondo, avrei potuto al limite trovarmi d'accordo con lui sull'obiettivo, ma non sui mezzi, e i mezzi sono l'essenziale – quelli di Tolstoj sono rispettabili, quelli di Sade ripugnanti. Senza procedere a noiose ricerche, una breve consultazione di Google ci informa che l'idiota itifallico spagnolo divideva le donne in dee e zerbini; una volta trombata, la dea si trasformava in zerbino e diveniva una vittima offerta sull'altare della sua crudeltà naturale. Lo Scarafaggio si era trombato la Vipera, l'aveva ingravidata e si era comodamente piazzato nel suo appartamento; poteva così imporle la presenza quotidiana del suo cazzo, senza omettere di umiliarla il più spesso possibile costringendola ad assistere alla suzione dell'organo, soprattutto da parte della Troia. Che la Vipera sia arrivata a provare un odio generale per i cazzi non ha quindi nulla di sorprendente; ha saputo teorizzarlo, e perfino esprimerlo attraverso i desolanti sbattimenti del cazzo del lepenista, dal quarto al settimo minuto di *Honeypot*.

Non unico in questo, il movimento KIRAC aveva quindi un significato esattamente opposto a quello che pretendeva di avere. Partendo in linea di principio da un'esaltazione del fallo, sfociava nel disgusto di ogni forma normale di sessualità. Per "normale" intendo quella che si basa sul piacere, non sulla sofferenza, e che non prevede alcuna forma di umiliazione o di coercizione. La distruzione di KIRAC mi sembrava più che mai auspicabile, ma mi rendevo anche conto che non aveva molta importanza. Ciò che la Vipera e lo Scarafaggio avevano concepito e poi mantenuto in vita non era altro che un'escrescenza di quell'immenso movimento verso l'asessualità che caratterizzava l'inizio del ventunesimo secolo, fenomeno inarrestabile che stava portando la modernità alla sua rovina per mezzo della pura e semplice estinzione demografica. Ero troppo vecchio per assistere alla fine del dramma? Non ne ero più tanto sicuro. Rimaneva una sola buona ragione per rammaricarsi di quell'inabissamento? Avevo sempre più dubbi.

Il 28 marzo ebbe luogo la mia seconda sconfitta, davanti al tribunale di Amsterdam. Questa volta fu un duro colpo per me. Non avevo alcun valido motivo di supporre che i giudici olandesi fossero più competenti e rigorosi dei loro colleghi francesi; solo dopo il verdetto mi resi conto che era stato proprio questo, però, che avevo sperato. Dopo il Marocco era la seconda volta, in pochi mesi, che si ripeteva lo stesso fenomeno; avevo davvero una ben misera opinione del mio paese. La sentenza del tribunale di Amsterdam mi orientava purtroppo verso una spiacevole generalizzazione: credevo sempre di meno nella giustizia umana. Non avevo mai creduto nell'esistenza di un "tribunale più alto", come dice Sherlock Holmes nei suoi momenti migliori. Non era più possibile delegare la vendetta, stava diventando nuovamente necessario esercitarla a titolo privato, evitando se possibile di farsi prendere; ciò ci riportava a uno stadio molto precedente dell'evoluzione della specie. Avevo del resto smesso di credere in ogni forma di credo, vale a dire nelle idee politiche, filosofiche o religiose attorno alle quali gli uomini fingono di raccogliersi. Credevo ancora nell'amore.

Mi rimaneva la possibilità di "interporre appello" – un'espressione che non avevo mai avuto l'occasione di adoperare. E così feci, soprattutto su consiglio di François, considerati i soldi che avevo già speso per quella faccenda e la somma, effettivamente inferiore, che mi veniva richiesta per quest'ultimo sforzo. Non pensavo minimamente che l'appello potesse essere coronato da successo. Mi ero condannato da solo in pochi minuti, firmando un contratto, la sera del 21 dicembre; il giorno che, in modo assai calzante, segnava l'inizio dell'inverno. Sarei uscito dall'inferno in cui mi trovavo in quel momento, non era un luogo in cui si poteva sopravvivere a lungo; ma l'inverno in cui sarei ripiombato in seguito era destinato a durare. Alcuni anni di *Winterreise*, e poi la fine. Non mi restava che una cosa da fare, l'unica che sappia fare. Iniziai a scrivere questo racconto la notte del 31 marzo.

La mia situazione mediatica in Francia, come s'è visto, si era progressivamente deteriorata: i miei nemici erano diventati ancora più aggressivi, i miei amici mi avevano in parte tradito, ma soprattutto era da escludersi che mi venisse concessa la parola. Gli avvenimenti che mi riguardavano potevano ancora essere riportati quando mi erano nefasti; ma il mio punto di vista non interessava più a nessuno. Questa, però, non era ancora la cosa più strana.

La cosa più strana era che la mia presenza pubblica non era stata affatto modificata. Quasi tutti avevano cercato di rassicurarmi riguardo a quel film porno, dicendomi che una notizia scaccia l'altra, che sarebbe stato presto dimenticato. Quasi tutti si sbagliavano; questo film porno non sarebbe mai stato dimenticato. La vergogna, per citare ancora Kafka, mi sarebbe sopravvissuta. Niente sarebbe mai stato dimenticato e questo, stranamente, sembravo essere il solo a saperlo. Quasi tutti i giorni, un lettore che mi incrociava per strada diceva di avermi visto in televisione di recente. Le mie ultime apparizioni televisive risalivano a settembre del 2015, quando era uscito *Sottomissione*. I miei lettori si sbagliavano in buona fede; evidentemente guardavano la televisione ancor meno del resto della popolazione francese; potevo capirli. Ho già parlato delle mie abitudini di telespettatore, che si concentravano di preferenza su programmi senza alcun rapporto con l'attualità immediata. Non avevo mai ascoltato la radio, a eccezione della hit parade (RTL e Europe 1) quando avevo dieci, dodici anni. Dovevo aver acquistato giornali o riviste, parecchio tempo prima, e non molto spesso probabilmente, perché non ne conservavo alcun ricordo. Come mi informavo? In minima parte guardando le vetrine delle edicole, è il mio lato *flâneur*; ma principalmente, come tutti, su Internet; il che vuol dire che non mi informavo. Quando si effettua una ricerca su Internet, non sono i risultati più recenti a essere visualizzati per primi, a meno che non si imposti il browser in tal senso; i miei lettori mi vedevano in televisione su Internet più o meno con la stessa frequenza che se ci andassi tutti i giorni. L'attualità, in un certo senso, non esisteva più.

Su un piano più politico e ideologico, mi avviavo verso un ateismo completo – ammettendo in alcuni casi, soprattutto nei periodi rivoluzionari, l'intervento di divinità malevole. Ma se io avevo sempre meno idee, gli altri continuavano a prestarmene. I miei rapporti con la destra cattolica si erano raffreddati, senza che vi fosse alcun miglioramento in quelli con ciò che poteva restare dei "cattolici di sinistra". Continuavo a considerare un errore l'accoglienza incondizionata dei migranti. Costringere intere popolazioni ad assimilare arrivi che respingevano con crescente furore mi faceva vagamente pensare all'ingozzamento delle oche, mi sembrava a medio termine una scelta impraticabile e persino suicida, non si può governare eternamente un popolo opponendosi alla sua volontà, nemmeno Machiavelli mi avrebbe contraddetto. È senza dubbio preferibile per il Principe farsi temere, ma la paura ha i suoi limiti quando la disperazione aumenta. Non che creda nell'imminenza di un'insurrezione, sembrava più verosimile un accentuarsi della disgregazione sociale: il consenso al tributo si erode, la gente si iscrive sempre di meno alle liste elettorali, il lavoro in nero si generalizza ecc. Le conseguenze erano ancora più gravi per i paesi d'origine dei migranti, che perdevano la maggior parte delle loro forze e si allontanavano da ogni prospettiva di sviluppo, mentre al contempo i loro livelli demografici si mantenevano irragionevolmente alti. Le idee cristiane, a quanto pare, continuavano a condurre il mondo alla rovina.

I miei rapporti con il cristianesimo, quindi, non erano mai stati così cattivi. Quelli con l'islam conoscevano invece un netto addolcimento, ulteriormente accentuato dall'irritazione crescente che mi ispirava il "campo laico". Non avevo mai amato il "secolo dei Lumi", la Rivoluzione francese mi ispirava una repulsione crescente, restavo convinto che nessuna società a lungo andare è possibile senza religione, e ancor meno auspicabile. Rimanevo, per essere chiari, un positivista – di tipo comtiano. Ciò era sufficiente ad alcuni imbecilli per avvicinarmi a Charles Maurras, altro celebre comtiano, ma me ne infischiavo completamente. Maurras era un lettore di Comte, certo, ma un lettore deviato: Comte non aveva mai condiviso le opzioni del "partito reazionario" e considerava l'azione del cattolicesimo "essenzialmente estinta". Io ero un comtiano più ortodosso.

Con gli ebrei non avevo mai avuto problemi e non c'era motivo di credere che potessi mai averne.

La causa della lotta all'eutanasia aveva avuto un suo ruolo, e quel ruolo era destinato a rafforzarsi. Avevo definito le mie priorità morali; la scelta era fatta. In un dialogo in cui mi ero imbattuto per caso, il filosofo Raphaël Enthoven si stupiva di una contraddizione, che lui credeva di percepire, tra la mia ontologia e la mia etica. Senza dirlo chiaramente, supponeva che avessi un'ontologia materialista.

Non è così. Non credo nella materia più di quanto creda nello spirito. La materia naturalmente sembra imporsi, e pesa continuamente su di noi attraverso la coscienza che abbiamo del nostro corpo, una coscienza spesso infelice, che diventa a volte felice grazie al contatto con un altro corpo, insomma, della sessualità ho già parlato; ma né i muscoli, né le viscere sono strumenti di misura. Io credo negli strumenti di misura, nei risultati che appaiono sui quadranti di quegli strumenti e nelle relazioni matematiche che si possono stabilire tra i risultati. Anche in questo, e soprattutto in questo, sono un positivista.

Su un piano più personale, gli amici che mi rimanevano erano quasi tutti stupiti che fossi in un simile stato per via di questa storia. In ogni caso, mi assicuravano, i miei lettori non vi attribuivano alcuna importanza. I fatti non gli davano torto. Lo Scarafaggio aveva inizialmente previsto di far uscire *Kirac27*, il film pornografico di cui ero protagonista, l'11 marzo, mentre *Annientare* sarebbe uscito in Olanda il 10. Perché l'11 e non il 10? Perché aveva previsto delle proiezioni pubbliche e l'11 era un sabato, dunque gli offriva maggiori possibilità di vendere biglietti nel pomeriggio. Ogni spicciolo conta.

La procedura legale aveva permesso di ritardare l'uscita del film; ma i giornali olandesi ne avevano abbondantemente parlato, a eccezione dei critici letterari, che avevano più o meno ignorato l'avvenimento, preferendo concentrarsi sul contenuto del mio libro. Quanto ai miei lettori, compravano come al solito, vale a dire parecchio in

Olanda. Dal punto di vista del grande pubblico, in Olanda tutto procedeva come se lo Scarafaggio, la Vipera e la Troia non fossero mai esistiti. Questo aspetto *business as usual* era al tempo stesso rassicurante e inquietante, in quanto confutava la pertinenza della mia reazione iniziale. Forse, in effetti, la mia reazione era stata eccessiva, forse non avrei nemmeno dovuto imbarcarmi in questa estenuante procedura giudiziaria. A prima vista sembrava plausibile, ma in fondo credo di aver avuto ragione, non posso più permettermi di accettare supinamente, non così, non fino a questo punto.

L'unico che mi abbia pienamente compreso, in questo strano periodo, è stato una persona molto più celebre di me: Gérard Depardieu. Non è un caso. Dopo essere apparso con Gérard sulla locandina del film *Thalasso*, avevo cominciato a capire d'essere entrato in una sorta di classifica Forbes della *fama*, anziché dei grandi patrimoni. O meglio, nella classifica Challenges, limitiamoci alla Francia. Gérard mi parlava da pari a pari, pur sapendo di essere a un livello situato tra il primo e il terzo posto, mentre io ero da qualche parte tra il sessantasettesimo e l'ottantacinquesimo; ma ad ogni modo ero nella classifica. Eravamo entrati tutti e due in una zona di extraterritorialità, che comportava obblighi diversi da quelli imposti di solito agli altri uomini, e non più tanti privilegi, l'epoca si era decisamente incattivita, il gioco della celebrità assomigliava sempre di più a un gioco al massacro – i ricchi erano risparmiati di più, purché evitassero di farsi riconoscere. Cominciavo quasi a comprendere perché le star possono andare a letto solo con altre star. In altri tempi, delle star francesi (Louis de Funès, Lino Ventura) erano sfuggite alla maledizione. Ma si trattava d'altri tempi, in apparenza vicini ai nostri, ma in realtà lontani.

Gérard apparteneva a un periodo intermedio, aveva vissuto il momento del cambiamento, la sua testimonianza sarebbe stata preziosa. Ma la cosa più importante per me, in quello che stavo attraversando, era che lui era entrato da molto più tempo nella classifica Challenges (e nel suo caso, persino in quella Forbes) della *fama*, nella zona anomala, il che gli conferiva una forma di saggezza. La sua prima osservazione fu che alla fine la letteratura vince sempre, cosa che mi aveva già detto Bernard-Henri, praticamente negli stessi termini, e sapevo che avevano ragione; ma questa fine avrebbe coinciso con la mia? Mi sembrava sempre più probabile, e anche se non amavo più così tanto la vita, potevo concepire di amarla di nuovo.

Premesso ciò, il consiglio pratico di Gérard non fu di affidarmi unicamente alla scrittura, ma di non trascurare nulla, nemmeno sul piano giuridico, di battermi fino al limite delle mie forze. So che ha ragione, ma non vedo cos'altro mi resti da fare, ho l'impressione che la mia avvocata abbia in mano tutti gli elementi. Riflettendoci però mi rendo conto che non è vero, solo pochi giorni fa mia moglie ha scovato quel post su Instagram in cui Christiaan Alberdingk Thijm si vanta di lavorare gratis per lo Scarafaggio. Ma mia moglie sa usare Instagram, io so usare al massimo un programma di videoscrittura, insomma, strumenti semplici. L'udienza di appello avrà luogo tra due giorni. Le mie possibilità di successo sono scarse.

Parigi, 16 aprile 2023

Finito di stampare
nel mese di giugno 2023
presso
Grafica Veneta S.p.A.
Via Malcanton 2 – Trebaseleghe (PD)

Printed in Italy